4. Tutzinger Diskurs

Wege der Integration

Wege der Integration

4. Tutzinger Diskurs

Anselm Böhmer, Ann-Christin Damm, Firengiz Degler,
Merima Džaferović, Simon Goebel, Christian Hofmann,
Karin Hutflötz, Jannes Jacobsen, Erdoğan Karakaya,
Annette Korntheuer, Uwe Kraus, Asya Markova, Dennis Mehmet,
Armaghan Naghipour, Elke Reinhart

Akademie für Politische Bildung
Tutzing 2018

Bibliografische Information der Deutschen Nationalbibliothek
Die Deutsche Nationalbibliothek verzeichnet diese Publikation in der Deutschen
Nationalbibliografie; detaillierte bibliografische Daten sind im Internet über
http://dnb.d-nb.de abrufbar.

Covermotiv: Bild »Blaues mit Schnur« der Künstlerin Thalia Uehlein
Redaktion: Dr. Christian Hofmann, Juliane Schwab, Dr. Thomas Schölderle
Layout und Gestaltung: Dr. Thomas Schölderle
Druck: Printworld.com GmbH

ISBN 978-3-9814111-7-1
© 2018 Akademie für Politische Bildung, Tutzing
Internet: www.apb-tutzing.de
www.tutzinger-diskurs.de/integration

Inhalt

Einführung: »Wege der Integration« im Diskurs

Der 4. Tutzinger Diskurs an der Akademie für Politische Bildung

1. Der Tutzinger Diskurs

Drängende gesellschaftliche und politische Probleme identifizieren und neue Perspektiven zu ihrer Bearbeitung eröffnen, dabei pluralistisch und kontrovers, zugleich aber ergebnisorientiert und nachhaltig lehrreich sein – das sind die Ziele des Tutzinger Diskurses.

Der Tutzinger Diskurs reiht sich damit ein in die mehr als 150 Veranstaltungen pro Jahr, die die Akademie für Politische Bildung in Tutzing zu gesellschaftlich relevanten, darunter insbesondere politischen, wirtschaftlichen, historischen, rechtlichen, die Bildungsarbeit betreffenden und ethischen Themen anbietet. Der Tutzinger Diskurs sticht aber auch heraus, weil er für ein Diskussionsformat steht, das nicht nur innerhalb der Akademie einzigartig ist. So ist in erster Linie die langfristige Ausrichtung hervorzuheben, die es dank der Förderung durch das Bayerische Staatsministerium des Innern und für Integration erlaubte, ein komplexes Thema über ein ganzes Jahr zu diskutieren und damit viel grundsätzlicher zu analysieren als das bei einzelnen, auch mehrtägigen Veranstaltungen möglich ist. Dabei gibt die Akademie das Thema vor und wählt die

Teilnehmenden in einem Bewerbungsverfahren nach ihrer fachlichen Expertise und ihrer Kompetenz für den interdisziplinären Dialog aus. Ziel und Anspruch ist es, über den Austausch von Meinungen hinaus das gemeinsame, multiperspektivische Forschen und Beantworten ungeklärter Fragen zu fördern. Diese Gruppe hat dann den Verlauf und die Schwerpunkte des Projekts selbst zu bestimmen, muss die Diskussion eigenständig organisieren und moderieren und kann nach Bedarf weitere selbst ausgesuchte Experten einladen. Entscheidend ist zudem, dass das Ergebnis des Diskurses für die Öffentlichkeit transparent gemacht wird.

Mit dem Projekt »Wege der Integration« konnte bereits der vierte Tutzinger Diskurs durchgeführt werden. In den Jahren zuvor ging es um die Themen »Gute Wissenschaft« (2012/13) und »Reproduktionsmedizin und Pränataldiagnostik« (2015/16). Parallel läuft der Diskurs »Big Data im Gesundheitswesen« (2017–2019).

2. Thema »Wege der Integration«

Im 4. Tutzinger Diskurs geht es um ein Thema, das in der gesamten Gesellschaft vor allem seit der sogenannten »Flüchtlingskrise« 2015/16 verstärkt diskutiert wird: Integration, meist im Zusammenhang mit Zuwanderung und Migration behandelt, steht häufig im Mittelpunkt medialer Berichterstattung und öffentlicher Debatten und polarisiert dabei die Gesellschaft: Während auf der einen Seite Optimismus und Erneuerungswille richtungsweisend sind, dominieren auf der anderen Seite Skepsis und Ablehnung, wie sie in Deutschland und anderen Ländern Europas durch das Erstarken rechtspopulistischer Bewegungen und Parteien zutage treten. In diesen polarisierenden Debatten hat scheinbar jede und jeder eine Meinung zu Integration und Migration, die freilich nicht immer auf faktenbasiertem Wissen beruht. So besteht also nach wie vor ein großer Klärungsbedarf – und zugleich ein großer Handlungsbedarf: Denn es ist nicht zu leugnen, dass sich (nicht nur) die deutsche Gesellschaft mit der Aufgabe der Integration vor eine große Herausforderung gestellt sieht, die sie mit großer Wahrscheinlichkeit auch in Zukunft prägen wird. Für eine erfolgreiche Integration gilt es aber – auch im Interesse des gesellschaftlichen Zusammenhalts – jetzt die Weichen zu

stellen, damit notwendige Entwicklungen nicht versäumt werden.[1] Und
es gilt die Konflikte, die sich aus dieser neuen Konstellation einer zuneh-
menden Heterogenität möglicherweise ergeben, richtig zu verstehen, um
mit ihnen in produktiver Weise umgehen zu können.[2]

Um hier Klarheit zu erlangen, müssen sowohl begriffliche Grundlagen
als auch konkrete Handlungsbedarfe in den Blick genommen werden.
So stellen sich etwa folgende Fragen: Was ist überhaupt »gelungene«
Integration? Welche wesentlichen Aspekte von Integration gilt es zu
unterscheiden? Welche gesellschaftlichen Bereiche sind hier besonders
zu betrachten? Was braucht es konkret, damit unterschiedliche gesellschaftliche Gruppen hinsichtlich ihrer Teilhabe gezielt gefördert werden
können?

Dabei zeigt sich, dass die Frage nach der Integration nicht auf die Eingliederung von Geflüchteten zu beschränken ist, sondern einer weiteren,
gesamtgesellschaftlichen Perspektive bedarf. Nicht erst die »Flüchtlingskrise« von 2015/16 wirft die Frage nach der Integration auf. Vielmehr hat
sich Deutschland seit dem Zweiten Weltkrieg immer mehr zu einer vielfältigen Einwanderungsgesellschaft entwickelt, die Vertriebene, »Gast-
arbeiter«, Asylsuchende und Spätaussiedler aufzunehmen vermochte.

Der Integrationsprozess ist damit aber noch nicht abgeschlossen. Es
stellt sich die Frage, wie die Gesellschaft im Ganzen als integrative – oder
vielleicht besser noch als inklusive – begriffen werden kann, sodass jedem
Gesellschaftmitglied die Chance auf Teilhabe ermöglicht wird. Es ist
dieser Grundgedanke der Inklusion, der die Diskussionen im Tutzinger
Diskurs »Wege der Integration« von Anfang an geprägt hat.

Sachkenntnis und mögliche Lösungsansätze können dabei nicht einseitig und allein auf theoretisch-abstraktem Wege bestimmt werden,
sondern müssen unter Einbeziehung unterschiedlicher Perspektiven
aus einem freien und offenen Gedankenaustausch heraus erwachsen.
Die Erfahrungen aus der Praxis und der konkreten Begegnung in der
Integrationsarbeit sind dabei mit einzubeziehen. Ebenso gilt aber, dass es
auch der theoretischen Reflexion bedarf, um die praktischen Erfahrun-

---

1 Bereits 1979 formulierte der erste Ausländerbeauftragte der Bundesregierung, Heinz
   Kühn, die »heute weithin akzeptierte [...] Einsicht, dass die sozialen Folgekosten
   unzureichender Integration bei weitem höher sind als die Kosten rechtzeitig gewährter
   Integrationshilfen« (Bade 2007: 34).

2 Vgl. El-Mafaalani 2018.

gen in umfassende gesellschaftliche, aber auch philosophisch-normative Zusammenhänge einzuordnen. Es ist also unerlässlich, dass Theorie und Praxis zusammengeführt werden, da nur unter Einbeziehung beider Seiten tragfähige »Wege der Integration« erarbeitet werden können. Dem Tutzinger Diskurs geht es daher um einen Austausch, zu dem es sonst in der Regel viel zu selten kommt, nämlich um einen Austausch zwischen Vertreterinnen und Vertretern der Wissenschaft, die sich normativ oder empirisch-forschend mit dem Thema befassen, und Vertreterinnen und Vertretern der Praxis, die vor Ort konkrete Integrationsarbeit (zum Beispiel in der Flüchtlingshilfe oder in der Kommunalverwaltung) leisten. Ziel des Diskurses war es deshalb, Expertinnen und Experten aus Theorie und Praxis zusammenzubringen, die gemeinsam eine Ideensammlung zu »Wegen der Integration« erarbeiten sollten.

3. Teilnehmerinnen und Teilnehmer

Alle Dimensionen eines Themas zu beleuchten und alle Perspektiven einzubeziehen, ist auch im Rahmen eines längerfristig angelegten Diskursprojektes nicht möglich. Auch kann eine aus 15 Personen bestehende Diskursgruppe nicht die gesamte Gesellschaft im Kleinen »abbilden«, dennoch sollte sie möglichst vielfältig zusammengesetzt sein: Das Verhältnis von Theoretikern und Praktikern sowie das von Frauen und Männern sollte einigermaßen ausgewogen sein, auch sollten verschiedene Altersgruppen vertreten sein. Zudem war es wichtig, dass einige der Teilnehmer selbst Erfahrungen mit Migration einbrachten.

Als schwierig erwies es sich hingegen, »integrationsskeptische« Positionen in den Diskurs einzubeziehen – diese waren unter den eingegangen Bewerbungen nicht in bemerkbarer Weise vertreten. An der Anzahl der eingegangenen Bewerbungen konnte es nicht liegen: Mit über 220 Bewerbungen wurden die Erwartungen des Projektteams bei Weitem übertroffen. Es ist vielleicht bezeichnend, dass sich »Integrationsskeptiker« kaum für dieses Projekt bewarben, denn es sollte ja gerade um mögliche Lösungswege gehen. So dominierte unter den Teilnehmerinnen und Teilnehmern insgesamt auch eine positive und zukunftsorientierte Perspektive auf das Integrationsthema.

Die 14 ausgewählten Bewerberinnen und Bewerber kommen aus akademischen Fächern wie Soziologie, Politikwissenschaft, Philosophie, Ethnologie, Pädagogik, Islamwissenschaft einerseits und aus der Sozialen Arbeit, Rechtspflege (Asylrecht), politischen Bildung (interreligiöser Dialog), kommunalen Verwaltung, Journalismus, Bildungsberatung und konkreter Integrationsarbeit (Integrations- und DaZ-Kurse, Integrationsbeauftragte) sowie der ehrenamtlichen Flüchtlingshilfe andererseits. Darunter sind Teilnehmerinnen und Teilnehmer, die am Anfang ihres Berufslebens stehen, und solche, die auf eine langjährige Erfahrung zurückblicken können. Dr. Christian Hofmann gehörte der Gruppe als Fellow an, der zugleich die Akademie und das Projektteam vertrat. Juliane Schwab hielt als Geschäftsführerin alle Fäden zusammen. Der Diskurs wurde zudem durch die freie Journalistin Valentine Auer begleitet, die über das Thema Integration zahlreiche Berichte für die Webseite verfasste, darunter Porträts der Teilnehmerinnen und Teilnehmer, Interviews mit Wissenschaftlern und Politikern sowie Berichte über die Workshops, aber auch filmische Dokumentationen produzierte.

4. Verlauf und Arbeitsweise

Der erste Diskursworkshop fand vom 11. bis 13. Januar 2018 an der Akademie für Politische Bildung in Tutzing statt. Dabei ging es vor allem um drei Dinge: sich kennenzulernen, eine gute Arbeitsatmosphäre zu entwickeln und sich auf einen ersten Arbeitsplan zu verständigen. Angeleitet durch die Moderatorin Tina Gadow fand die Gruppe schnell zusammen, sodass inhaltliche Diskussionen über das Diskursthema frühzeitig beginnen konnten. Dabei zeigte sich die Gruppe von Beginn an außerordentlich engagiert und motiviert. Der Religionswissenschaftler Prof. Dr. Dr. Bernhard Uhde (Freiburg) referierte zur Einführung über die Begriffe »Werte« und »Integration«. Die Diskussionen der Gruppe führten bald auf grundlegende Fragen, wie etwa: Was verstehen wir unter »Integration«? Wäre es nicht angemessener von »Inklusion« zu reden? Wie sieht ein gutes Zusammenleben aus? Was macht eine offene Gesellschaft aus? Für ihre Arbeitsweise einigte sich die Gruppe von Anfang an auf bestimmte Kommunikationsregeln im Sinne einer demokratischen Gesprächskultur, in der alle als gleichberechtigt anerkannt an der Diskussion teilnehmen und in der mögliche Kontroversen offen und argumentativ ausgetragen werden sollten. Am Ende des dritten Tages wurden schließlich vier Leitfragen festgehalten, denen sich jeweils Arbeitsgruppen zuordneten. Diese behandelten die Fragen: Wie sieht das gesellschaftliche Zusammenleben derzeit aus? Wie wird der Integrationsbegriff in Bund und Ländern rechtlich bestimmt? Wie kann Begegnung gelingen? Wie kann Teilhabe geschaffen werden?

Im Ausgang von diesen Leitfragen wurde durch die Arbeitsgruppen auch bereits der zweite Workshop inhaltlich vorbereitet. Die Diskurs-Teilnehmenden standen zwischen den Workshops unter anderem über die Online-Plattform Slack miteinander in regelmäßigem Kontakt, sodass über den gesamten Arbeitsprozess hinweg ein enger Austausch aufrechterhalten werden konnte. Zum Teil fanden in den Gruppen auch direkte Arbeitstreffen statt.

Beim zweiten Workshop vom 23. bis 25. März 2018, ebenfalls in Tutzing, wurden die Ergebnisse der Arbeitsgruppen präsentiert und in der gesamten Diskursgruppe intensiv diskutiert. Ergänzt wurde dieser Prozess durch den Vortrag eines Mitglieds des Migrationsbeirats der Stadt München, Erkan Inan. Aus diesen Diskussionen heraus wurden die Themen weiter präzisiert – so zeichnete sich als ein zusätzlicher inhaltlicher Schwerpunkt das Thema Bildung ab. Bereits im Hinblick auf die zu erarbeitende Ideensammlung wurde für die Zeit bis zum dritten Workshop bestimmt, dass jeder Teilnehmer Abstracts zu maximal drei Themen seiner Wahl verfassen sollte, die aus seiner Sicht unbedingt in die Ideensammlung aufgenommen werden sollten. Die vor diesem Hintergrund erarbeitete Abstract-Sammlung bildet gleichsam das Fundament der hier vorliegenden Ideensammlung. Die Texte wurden im Laufe der nächsten Monate freilich weiter überarbeitet, ergänzt, präzisiert, zusammengefasst und neu sortiert. Mehr oder weniger standen die Inhalte aber nun fest.

Vom 11. bis 13. Mai traf sich die Diskursgruppe zum dritten Mal in Tutzing. Die in den Wochen zuvor verfassten Abstracts wurden nun ausführlich diskutiert. Unterstützung bei ihrem Reflexionsprozess erhielt die Gruppe von den Beiräten Prof. Dr. Wolfgang Kaschuba (Direktor des Berliner Instituts für empirische Integrations- und Migrationsforschung) und Prof. Dr. Sonja Haug (Ostbayerische Technische Hochschule Regensburg), die für eine Diskussionsrunde hinzukamen. Während die Abstract-Sammlung noch grob in neun inhaltliche Schwerpunkte gegliedert war (Bildung, Bildung/Arbeitsmarkt, Strukturen/Rahmen, Gesellschaft, politische Bildung, Gesellschaftsbildung, Gesundheit, Hilfesystem, Recht), wurden diese schließlich zu vier Schwerpunkten zusammengefasst (Bildung, Gesellschaft, Strukturen/Rahmen – hierunter fiel nun auch das Thema Recht –, Gesundheit/Hilfesystem), denen noch ein einleitendes Kapitel zu Grundgedanken und zentralen Begriffen vorangestellt wurde. Dafür wurden die Texte zunächst jeweils einzeln in offenen Kleingruppen diskutiert, zudem hatte jeder die Möglichkeit, über Pinnwände und Moderationskarten Kommentare beziehungsweise Fragen zu den Texten zu hinterlassen. Diese Kommentare sollten dann von den jeweiligen Autorinnen und Autoren berücksichtigt werden. Neben den eigentlichen Hauptautoren ordneten sich den Texten auf diese Weise Co-Autoren zu, die auch an der Weiterbearbeitung der Texte über die bereits erwähnte Online-Plattform beteiligt wurden. Die neuen Texte mussten bis Anfang Juli fertiggestellt sein, um noch von allen im Vorfeld des nächsten Workshops gelesen werden zu können.

Vom 11. bis 13. Juli 2018 fand der vierte Workshop statt, für den die Diskursgruppe und das Projektteam nach Belgien reisten, um für ihre Arbeit durch zahlreiche Gespräche und Vor-Ort-Besuche auch eine europäische Perspektive auf das Thema Integration einzubeziehen. So besuchte die Gruppe das EU-Parlament in Brüssel und diskutierte ihre Ideen mit Abgeordneten sowie mit Mitarbeiterinnen des für Migration und Integration zuständigen Referats der EU-Kommission. Zudem besuchte die Diskursgruppe die Organisation VIA, die für das französischsprachige Brüssel Willkommenskurse für Neuhinzugezogene anbietet. Am zweiten Tag des Workshops reiste die Gruppe in die für ihr innovatives und erfolgreiches Integrationskonzept vielfach gelobte Stadt Mechelen, wo sie mit Bürgermeister Bart Somers und dessen Mitarbeiterinnen sprach und verschiedene Projekte besuchte. Dieser Besuch in Mechelen war für die meisten Beteiligten sicherlich sehr inspirierend, zeigt er doch, wie ein radikal inklusiver Ansatz – den auch die Gruppe selbst von Anfang an favorisiert hat – erfolgreich in die Praxis umgesetzt werden kann.[3]

Der letzte Tag des vierten Workshops stand dann wieder im Zeichen der gruppeninternen Arbeit. Aufgrund der fortgeschrittenen Zeit konnte

---

3 Vgl. hierzu etwa Somers 2017.

nur noch über das Einleitungskapitel gründlich diskutiert werden. Es wurde nun beschlossen, die Ideensammlung stärker noch als bisher auf den Inklusionsbegriff auszurichten: Die Einleitung sollte sich vor allem mit den Begriffen Inklusion und Integration befassen; des Weiteren sollte die Ideensammlung nach den Schwerpunkten »politische Inklusion«, »soziale Inklusion« und »Bildungsinklusion« gegliedert werden. Bis zum fünften Workshop wurden erneute Kommentare und Änderungen eingearbeitet, zudem wurde der gesamte Text durch drei Teilnehmer im Hinblick auf eine (formale und inhaltliche) Vereinheitlichung sowie auf die Neugliederung hin »harmonisiert«.

Diese »harmonisierte« Version des Gesamttexts bildete die Diskussionsgrundlage für den fünften Workshop vom 28. bis 30. September 2018, der wieder in Tutzing stattfand und bei dem nun die Endredaktion des Textes anstand. Unterstützung erhielt die Gruppe von ihrer dritten Beirätin, Dr. Katja Niethammer (Leiterin des Amts für Migration und Integration der Stadt Freiburg im Breisgau). Die Ideensammlung musste in den nächsten Wochen endgültig fertiggestellt und gedruckt werden. Offiziell präsentiert wurde sie der Öffentlichkeit bei der Abschlussveranstaltung am 20. November 2018 im Münchener Haus der Architektur. Das Ergebnis finden Sie hier!

Tutzing, im November 2018

Prof. Dr. Michael Spieker
Projektleiter des Tutzinger Diskurses

Dr. Christian Hofmann
Fellow des Diskursprojekts »Wege der Integration«

Wege der Integration

Eine Ideensammlung der Tutzinger Diskursgruppe

1. Vorbemerkung: Von der Integration zur Inklusion

»Wir gestalten unsere Welt so, dass *alle* Menschen gleichberechtigt und ohne Barrieren teilhaben.« So steht es auf der Webseite des Bayerischen Staatsministeriums für Familie, Arbeit und Soziales. »Inklusion ist mehr als Integration« – ist dort ebenfalls zu lesen.[1]

Auch wir, die Teilnehmerinnen und Teilnehmer des Tutzinger Diskurses »Wege der Integration«, sind der Überzeugung, dass in einer Einwanderungsgesellschaft Begegnung auf Augenhöhe nur durch Wege der Inklusion erfolgen kann. Da der Begriff der Inklusion im gesellschaftspolitischen Diskurs und den betreffenden Rechtsvorschriften indes vorrangig im Kontext der Arbeit mit Menschen mit Handicap verwendet wird und umgekehrt der Begriff der Integration nur im Kontext der Einwanderungsgesellschaft, kam die Arbeitsgruppe für die Verwendung der Begrifflichkeiten in dieser Arbeit zu folgender Übereinkunft:

Wir schlagen einen Paradigmenwechsel vom Integrations- zum Inklusionsgedanken vor und geben durchgängig dem Konzept der Inklusion den Vorrang. Den Begriff der Integration verwenden wir hingegen dort, wo wir uns auf bereits bestehende Institutionen und Rechtsvorschriften beziehen.

In unserer im Laufe des Jahres 2018 erarbeiteten Ideensammlung gehen wir auf die konzeptionellen Unterschiede beider Begriffe ein. In den Handlungsempfehlungen weisen wir auf fehlende beziehungsweise neu zu schaffende Strukturen hin. Natürlich weiß das Team der Autorinnen und Autoren, dass das Ziel einer inklusiven Gesellschaft nicht kurzfristig zu verwirklichen ist. In verschiedenen Bereichen war und ist es zunächst nötig, je nach Bedarf separate Angebote zu entwickeln. Sprachförderung oder psychosoziale Versorgung sind geeignete Beispiele dafür. Wir sehen allerdings auch die Gefahr, dass diese Angebote sich verstetigen und sich

---

1 Bayerisches Staatsministerium für Familie, Arbeit und Soziales 2018.

ein Doppelangebot, einerseits für Einheimische, andererseits für Zugewanderte, entwickelt. Dies gilt es auf alle Fälle zu verhindern.

Nicht alle Formulierungen und Handlungsempfehlungen spiegeln immer die Meinung aller Mitglieder der Diskursgruppe »Wege der Integration« wider. Die Grundüberzeugung und die folgenden 15 Forderungen aber stellen das gemeinsame Verständnis der Diskursgruppe dar. Die daran anschließenden Texte sind in kleinen Arbeitsgruppen entstanden und jeweils im Plenum diskutiert worden. Aus diesen Texten sind die 15 zentralen Forderungen hervorgegangen.

Wir wünschen uns: Nicht nur lesen. Umsetzen!

Danksagung

Ein freier Diskursprozess ist – wie jedes freiheitliche Unternehmen – stets auch ein Wagnis. Das Bayerische Staatsministerium für Arbeit und Soziales, Familie und Integration und seit dem Ressortwechsel im Frühjahr 2018 das Bayerische Staatsministerium des Innern und für Integration war so mutig, diese Freiheit zu fördern. Die Diskursgruppe »Wege der Integration« dankt den fördernden Ministerien und speziell den hierbei federführend zuständigen Referaten für die Unterstützung und auch für die Aufgeschlossenheit für solch ein interdisziplinäres Diskursprojekt. Ebenso dankt die Diskursgruppe ihrer Gastgeberin, der Akademie für Politische Bildung, und dem Projektteam des Tutzinger Diskurses für die Idee zu diesem herausforderungsvollen Projekt sowie für die gute und inspirierende Arbeitsatmosphäre am Starnberger See.

2. Executive Summary

Die Frage nach gelingender Integration muss vor dem Hintergrund des Paradigmas der Inklusion betrachtet werden. Zu diesem Schluss kommt ein interdisziplinäres Diskursprojekt an der Akademie für Politische Bildung in Tutzing, bei dem 15 Expertinnen und Experten aus Wissenschaft und Praxis Ideen zu »Wegen der Integration« erarbeitet haben. Für den inklusiven Ansatz sprechen normative Gründe – denn jeder Mensch ist in seiner Würde zu achten – und zugleich kommt Inklusion der gesamten Gesellschaft zugute.

Jeder Mensch – unabhängig von Geschlecht, Herkunft, ob migriert oder nicht migriert – ist in seinem Bedürfnis nach Teilhabe zu unterstützen. Die Frage der Inklusion betrifft also nicht bloß bestimmte Teilgruppen von Menschen, wie zum Beispiel die Gruppe der Migrantinnen und Migranten, sondern die gesamte Gesellschaft. Wenn alle hier lebenden Menschen frühzeitig und bedürfnisorientiert unterstützt werden, dient dies zugleich dem Wohl aller.

Einige zentrale Forderungen sind:

1. eine offene Gesellschaft mit diversitätssensiblen und nicht-demütigenden Institutionen, in denen Vielfalt wertgeschätzt wird

2. eine Politik des sozialen Ausgleichs, die allen Gesellschaftsmitgliedern zugutekommt, um sozialer Ungleichheit und Ressentiments entgegenzutreten und Teilhabechancen für alle zu ermöglichen

3. eine konstruktive Gesprächs- und Streitkultur, in der alle ihre jeweiligen Perspektiven einbringen können und gemeinsam die Formen des Zusammenlebens aushandeln

4. ein dialogischer Prozess der Wertebildung statt einseitiger »Wertevermittlung«

5. Kompetenz- statt Defizitorientierung

6. die Einführung eines Bundeseinwanderungsgesetzes, in dem migrationsrechtliche Bestimmungen einheitlich und übersichtlich geregelt sind; der Freistaat Bayern sollte deshalb mittels Bundesratsinitiative auf ein solches Gesetz hinwirken

7. Weiterentwicklung des bayerischen Integrationsgesetzes im Sinne eines Partizipationsgesetzes, wie bereits in anderen Bundesländern geschehen

8. Zugang zu Sprachkursen, Arbeitsmarkt und Ausbildung für alle

9. die Schaffung von sozialen Räumen, in denen Menschen unterschiedlicher Herkunft einander begegnen können

10. der Aufbau von kommunalen Zentren, um Inklusion vor Ort zu gestalten, sowie die stetige Finanzierung und konzeptionelle Weiterentwicklung von Migrationsberatungsdiensten, um Integrationsförderung dauerhaft und flächendeckend auch im ländlichen Raum zu sichern

11. die Aus-, Fort- und Weiterbildung von Lehrkräften und Behördenmitarbeiterinnen und -mitarbeitern im Hinblick auf Diversitätssensibilität, Antidiskriminierung und Mehrsprachigkeit sowie die Einbindung weiterer interdisziplinärer Fachkräfte, Migrantenselbstorganisationen und anderer Akteure in Bildungseinrichtungen, Behörden und Begegnungsstätten

12. inklusive Elternarbeit und niederschwellige Beratungsangebote in Kitas und Schulen

13. die Inklusion immigrierter Mütter, Menschen mit Behinderung und LGBTQ (Lesben, Schwule, Bisexuelle, Transgender und queere Bevölkerungsgruppen) durch Schaffung von flexibleren und den Möglichkeiten angepassten Teilhabeangeboten

14. institutionelle Strukturen für inklusiven Berufsschulunterricht

15. eine verbesserte psychologische Versorgung speziell für traumatisierte Geflüchtete, aber auch für alle anderen Menschen.

3. Einleitung: Die Paradigmen der Integration und Inklusion

»Wege der Integration« können am besten gelingen, wenn man sie vor dem Hintergrund einer inklusiven, offenen Gesellschaft versteht.[1] Dieser Inklusionsgedanke lässt sich normativ aus dem Verfassungsgrundsatz der Menschenwürde ableiten: Die Menschenwürde ist das Begründungsfundament der Menschen- und Grundrechte.[2] Sie fordert ein menschliches Zusammenleben und damit gesellschaftliche Strukturen und Institutionen, in denen alle Menschen ein würdevolles Leben verwirklichen können. Dies wiederum beinhaltet, dass alle Menschen am sozialen Zusammenleben gleichberechtigt partizipieren können. Aus der Menschenwürde lässt sich deshalb ein Recht auf Teilhabe und somit die Forderung nach Inklusion begründen.[3]

Inklusion bedeutet nicht eine Anpassung (Assimilation) an die gesellschaftlichen Strukturen, sondern sie setzt umgekehrt die Anpassung dieser Strukturen an die Normalität der Diversität von Menschen sowie der Pluralität der Lebensweisen voraus. Verbunden ist mit diesem inklusiven Ansatz ein Perspektivwechsel gegenüber den vorherrschenden Debatten: Konkret folgt daraus, Menschen nicht primär defizitorientiert von einer zu erbringenden Anpassungsleistung her zu betrachten (was tendenziell die Demütigung und Demotivierung der Betroffenen erzeugen würde), sondern vielmehr als Individuen, welche das Recht haben, ein selbstbestimmtes Leben zu führen.

---

1   Vgl. den Abschnitt »4.2 Das Modell einer offenen und nicht-demütigenden Gesellschaft«.

2   Der Grundsatz der Menschenwürde steht deshalb direkt zu Beginn sowohl der Allgemeinen Erklärung der Menschenrechte der UNO von 1948 (nämlich am Anfang der Präambel) als auch des Grundgesetzes der Bundesrepublik Deutschland (Artikel 1, Absatz 1). Dem Philosophen Heiner Bielefeldt (2008: 20) zufolge erschließt sich »der Begriff der ›unveräußerlichen‹ Rechte« »nur von der Idee der unantastbaren Menschenwürde her«. Die Menschenrechte wiederum formulieren »Ansprüche auf Inklusion und Nicht-Diskriminierung« (Bielefeldt 2008: 22).

3   Vgl. Spieker 2012: 156f.

Um an gegenwärtige öffentliche Debatten anzuschließen, wird im Folgenden auch der Begriff der »Integration« verwendet – dieser ist hier aber immer vor dem normativen Hintergrund des Inklusionsparadigmas zu sehen.[4] Zugleich muss man unterstreichen, dass der Begriff der Integration auch negative politische Konnotationen hat, da er in den öffentlichen Debatten häufig kaum von »Assimilation« abgegrenzt wird.[5]

Wie im Vorwort bereits erwähnt, heißt es auf der Webseite des Bayerischen Staatsministeriums für Familie, Arbeit und Soziales – nämlich in Bezug auf Menschen mit Behinderung: »Inklusion ist mehr als Integration«. Und weiter heißt es dort über eine anzustrebende Inklusion: »Wir gestalten unsere Welt so, dass *alle* Menschen gleichberechtigt und ohne Barrieren teilhaben.«[6]

Es ist sinnvoll und auch im Hinblick auf eine anzustrebende gelingende Integration hilfreich, diesen für Menschen mit Behinderung in Bayern bereits etablierten inklusiven Ansatz für alle Menschen in gleicher Weise und unabhängig von ihrer Behinderung, ihrem Geschlecht, ihrer Herkunft, ihrer sexuellen Orientierung und sonstigen Zuschreibungen zu verwenden.[7] Jeder Mensch würde so als Individuum betrachtet, dem eine gleichberechtigte Teilhabe ermöglicht werden soll.

3.1 Inklusion als Menschenrecht – auch für Geflüchtete und Migrierte

Die Verwendung des Inklusionsprinzips bietet zahlreiche Chancen. Dies wird beispielsweise anhand der UN-Behindertenkonvention (UN-BRK) aus dem Jahre 2006 deutlich. »Die Konvention signalisiert nicht nur eine Abkehr von einer Behindertenpolitik, die primär auf Fürsorge und Ausgleich vermeintlicher Defizite abzielt. Sie gibt zugleich auch wichtige Impulse für eine Weiterentwicklung des internationalen Menschenrechtsschutzes« und sie enthält Chancen »für die Humanisierung der

---

4   Vgl. den Abschnitt »1. Vorbemerkung: Von der Integration zur Inklusion«.
5   Vgl. den Abschnitt »4.3 Negative Seiten der ›Integration‹«.
6   Bayerisches Staatsministerium für Familie, Arbeit und Soziales 2018.
7   Für eine Anwendung des Inklusionsbegriffs auf Menschen mit »Migrationshintergrund« vgl. Sandor 2017.

Gesellschaft im Ganzen.«[8] Die Übersetzung des Begriffs der Inklusion als »Integration«, wie dies in der ersten offiziellen deutschen Übersetzung der Konvention geschah, weisen zahlreiche Fachleute und Behindertenverbände zurück.[9] Zwar fungiert gesellschaftliche Partizipation sowohl beim Inklusions- als auch beim Integrationsansatz als ein erstrebenswertes Ziel. Die erwähnte Übersetzung ist dennoch problematisch, weil sie wichtige Unterschiede zwischen beiden Ansätzen ausblendet.

Wir möchten daher folgenden Unterschied zwischen »Integration« und »Inklusion« hervorheben: Der Integrationsbegriff impliziert, dass die gesellschaftliche Partizipation von den einzufordernden Anstrengungen der Adressaten von Integration abhängt (Integrationsforderungsprinzip), die durch die Mehrheitsgesellschaft unterstützt werden sollen, sich in existierende Strukturen der Gesellschaft einzufinden (Integrationsförderungsprinzip). Das eigentliche Problem besteht aber nicht darin, dass Migrantinnen und Migranten sowie Geflüchtete keine gesellschaftliche Partizipation wollen würden, sondern darin, dass die existierenden gesellschaftlichen Strukturen selbst ihre soziale Ausgrenzung produzieren und ihre Partizipation dadurch erschweren. Institutionen, die diskriminierend oder demütigend sind, können aber nur von denjenigen verändert werden, die auch die Macht dazu haben – das heißt von denjenigen, die entsprechende Machtpositionen in der Gesellschaft bereits eingenommen haben. Aus dieser Perspektive wird die grundsätzliche Differenz zwischen »Integration« und »Inklusion« sichtbar: Der Integrationsansatz im oben genannten Sinne orientiert sich an der Maxime »Fördern und Fordern«. Im besten Fall wird gelingende Integration hierbei als ein »wechselseitiger Prozess« aufgefasst. Was bedeutet dies aber konkret? Es bedeutet, dass Integration einerseits eine Frage der Bereitschaft der Migrantinnen und Migranten sowie der Geflüchteten sei, bestimmte Forderungen zu erfüllen, und andererseits, dass sie eine Förderung von der Gesellschaft dafür erhalten. Die offensichtliche Prämisse dieser Vorstellung ist, dass gesellschaftliche Partizipation von Migrantinnen und Migranten oder Geflüchteten die Behebung von vorausgesetzten sozialen und/oder kulturellen sowie motivationalen Defiziten bei ihnen erfordert – Defizite, die quasi als soziale oder kulturelle »Behinderungen« konst-

---

8   Bielefeldt 2009: 4, 16.
9   Vgl. Bielefeldt 2009: 11.

ruiert werden. Praktiken institutioneller Ausgrenzung werden dadurch vollkommen ausgeblendet.[10] Dem Inklusionsansatz hingegen geht es um die Veränderung von gesellschaftlichen Strukturen und Praktiken, die bislang Teilhabe behindern und damit die Motivation der Betroffenen zum Erliegen bringen.

Der entscheidende Vorteil des Inklusionsansatzes gegenüber dem Integrationsansatz ist, dass Inklusion nicht defizitorientiert, sondern an dem Gebot ausgerichtet ist, das Bewusstsein der menschlichen Würde abzubilden.[11] Das traditionelle Verständnis vom Schutz der menschlichen Würde im Sinne von individueller Autonomie durch Instrumente des Rechts kommt in sämtlichen Konventionen zu Menschenrechten wie auch im deutschen Grundgesetz vor allem als Schutz vor Diskriminierung zum Ausdruck. Mit der Anerkennung der Inklusion als Menschenrecht in Bezug auf Menschen mit Behinderung kommt ein zusätzlicher, wichtiger Punkt hinzu, nämlich die Anerkennung der sozialen Zugehörigkeit als Menschenrecht. Es ist in den Sozialwissenschaften seit Langem bekannt, dass individuelle Autonomie ohne soziale Inklusion nicht möglich ist, umgekehrt gilt: »ohne Autonomie nimmt soziale Inklusion fast zwangsläufig Züge von Bevormundung an«.[12]

Der so verstandene Inklusionsansatz enthält die Forderung, die Würde des Einzelnen zum »*Gegenstand notwendiger Bewusstseinsbildung*« der gesamten Gesellschaft zu machen.[13] Der erste Schritt zu dieser Bewusstseinsbildung in Bezug auf die menschliche Würde jeder einzelnen Migrantin, jedes einzelnen Migranten oder jedes geflüchteten Menschen besteht darin, jegliche defizitär-gruppenbezogene (zum Beispiel kulturalisierende) Praktiken systematisch zurückzuweisen. Dementsprechend sollten wir mittelfristig Abschied vom herkömmlichen Integrationsansatz nehmen.

---

10 Ein ähnliches Argument gegen die Absurdität der Integrationspflicht, die ein Motivationsdefizit bei Geflüchteten von Anfang an voraussetzt, findet sich – bezogen auf die Situation in Österreich – bei Inci Dirim (2016): »Geflüchtete Menschen müssen mit Druckmitteln in den Deutschkurs getrieben werden, da sie freiwillig kein Deutsch lernen. Dieses Misstrauen ist höchst problematisch, wenn es darum geht, eine Willkommenskultur zu etablieren. Meine Arbeitshypothese lautet: Alle, die in Österreich leben möchten, wollen auch Deutsch lernen. Wer will denn nicht handlungsfähig sein?«

11 Vgl. Bielefeldt 2009: 4, 16.

12 Bielefeldt 2009: 11.

13 Bielefeldt 2009: 5.

3.2 Inklusion als Bereicherung für die gesamte Gesellschaft

Wenn wirklich eine Teilhabe »ohne Barrieren« für alle ermöglicht werden soll, bedarf es eines grundlegenden Umdenkens und auch gewisser struktureller Veränderungen. Es ist davon auszugehen, dass für die Umsetzung dieses vom Individuum ausgehenden inklusiven Ansatzes zunächst einmal neue Ressourcen benötigt werden. Denn für die individuelle Beurteilung, Förderung und Beratung bedarf es entsprechender Strukturen. Ebenso bedarf es zusätzlicher und gut ausgebildeter Fachkräfte (etwa in der Lehre oder in der Verwaltung), die die zu fördernden Menschen weniger aufgrund feststehender Raster kategorisieren, sondern ihnen vor allem bedürfnisorientiert, diversitätssensibel und mit Empathie begegnen.[14]

Letztlich macht sich dieser Ansatz aber auch für die Gesamtgesellschaft »bezahlt«. Der inklusive Ansatz beinhaltet, die Bedürfnisse und Fähigkeiten eines jeden Menschen in den Blick zu nehmen. Dabei zeigt sich, dass eine kompetenzorientierte Ermöglichung von Teilhabe eine Bereicherung für die ganze Gesellschaft ist, zum Beispiel indem hierdurch Potenziale für den Arbeitsmarkt entfaltet werden.[15] Zudem trägt Vielfalt zur Kreativität und Innovationskraft einer Gesellschaft bei.[16]

Kurz gesagt: Wenn von Anfang an richtig in die Schaffung von Teilhabemöglichkeiten investiert wird, profitieren am Ende alle davon – und zwar in jedem Sinne! Und umgekehrt sollte man die Frage stellen: Was wird es eine Gesellschaft (an Ressourcen und auch im Hinblick auf ihren eigenen Zusammenhalt) langfristig kosten, wenn sie nicht das Ziel der Inklusion aller Gesellschaftsmitglieder verfolgt? Wenn sie die Bedürfnisse und Potenziale von Millionen Menschen ignoriert und diese somit von wesentlichen Bereichen des gesellschaftlichen Lebens ausschließt, steigt die Wahrscheinlichkeit, dass gesellschaftliche Spannungen entstehen, die den Zusammenhalt gefährden.[17] Die Verwirklichung von Teilhabe hingegen befördert den Zusammenhalt und somit den sozialen Frieden.

---

14 Vgl. den Abschnitt »6.3 Professionalisierung von Lehrkräften«.
15 Vgl. den Abschnitt »5.5 Kompetenzorientierte Anerkennung«.
16 Vgl. Bertelsmann Stiftung 2018.
17 Vgl. den Abschnitt »5.4 Arbeitsmarktzugang für Geflüchtete?«.

3.3 Hinweis zur Verwendung des Integrationsbegriffs

Wenn man dennoch aus Gründen der Anschlussfähigkeit an politische und gesellschaftliche Debatten den Integrationsbegriff verwendet, so muss dieser immer vor dem normativen Hintergrund des Inklusionsparadigmas gesehen und zugleich in einem weiten Sinne verstanden werden: Die Frage der »Integration« darf nicht auf die Aufgabe der Eingliederung einer bestimmten sozialen Gruppe, wie derjenigen der Migrantinnen und Migranten, in die Gesamtgesellschaft reduziert werden, sondern die gesamte Gesellschaft muss als integrative in den Blick genommen werden.[18] Der Integrationsbegriff sollte insofern »entmigrantisiert« werden, denn die Frage der Integration betrifft alle Gesellschaftsmitglieder, die gesellschaftlichen Institutionen und die Gesellschaft als Ganze.

So definiert der Sachverständigenrat (SVR) deutscher Stiftungen für Integration und Migration »Integration als möglichst chancengleiche Teilhabe aller an den zentralen Bereichen des gesellschaftlichen Lebens«.[19] Und der Soziologe Michael Bommes schreibt in diesem Sinne: »Integration bezeichnet [...] eine Problemstellung, mit der unterschiedslos alle Menschen konfrontiert sind. Daher ist kein Individuum auf Dauer in ›die Gesellschaft‹ als solche integriert. Integration erfolgt stets nur auf Zeit in die jeweils bedeutsamen sozialen Zusammenhänge, und sie gelingt keineswegs selbstverständlich, wie die [...] Debatte um ›das abgehängte Prekariat‹ zeigt«.[20] Integration ist dann als interaktiver Prozess zu verstehen, an dem alle Gesellschaftsmitglieder beteiligt sind. Ziel ist es, dass allen Menschen Teilhabe ermöglicht und niemand ausgegrenzt wird. Was »Teilhabe« aber jeweils konkret bedeutet, muss genauer bestimmt werden. Zu ihrer Verwirklichung bedarf es inklusiver Strukturen und Institutionen, welche die

---

18 Vgl. Foroutan 2015.

19 Sachverständigenrat deutscher Stiftungen für Integration und Migration 2018a. Klaus Bade (2013: 371) formuliert: »[S]oziale Integration [ist] die messbare Teilhabe an den zentralen Bereichen des gesellschaftlichen Lebens. Das gilt ausdrücklich für Menschen mit wie ohne Migrationshintergrund. Integrationspolitik in diesem Sinne ist also ein Thema für alle in der Einwanderungsgesellschaft«. An gleicher Stelle werden zum Beispiel »›Wiedereingliederungsmaßnahmen‹ am Arbeitsmarkt« ausdrücklich auch als eine Form von »Integration« bezeichnet.

20 Bommes 2007: 3.

Individuen in ihrer jeweiligen Situation und ihren jeweiligen Bedürfnissen achten, und zum Teil bestimmter Förderungsangebote, die jeweils konkret zu bestimmen sind. Die vorliegende Ideensammlung enthält diverse Vorschläge und Empfehlungen, um eben dies zu erreichen. Zu denken ist zum Beispiel an eine bedarfsorientierte Förderung durch sprachsensible Unterrichtsbegleitung in Berufsschulen, an neue Konzepte, die es Müttern besser ermöglichen, an Sprachkursen teilzunehmen, niederschwellige Beratungsangebote für Eltern in Kitas und vieles mehr.[21]

---

21 Vgl. die Abschnitte »6.7 Berufsintegrationsklassen und Berufsausbildung«, »5.7 Inklusion immigrierter Mütter« und »6.4 Frühkindliche Bildung«.

4. Inklusion im Handlungsfeld Politik und Recht

4.1 Wie zusammenleben? Gelingensfaktoren für gesellschaftlichen Zusammenhalt

Das Motiv und damit die Leitfrage allen ernst gemeinten, und nicht nur rhetorisch geforderten Bemühens um »Wege der Integration«, ist die Frage der sozialen Kohärenz, das heißt des gesellschaftlichen Zusammenhalts und gerechten Miteinanders: Wie können wir gut zusammenleben – auch unter den Bedingungen zunehmender Heterogenität und Diversität von Lebensformen in einer pluralen Gesellschaft? Was ist zu tun, zu leisten und zu lassen, um gut und konstruktiv zusammenzuleben, arbeiten und gemeinsam eine Zukunft gestalten zu können? Diese prinzipielle Herausforderung betrifft die Entwicklung aller demokratisch-pluralen Gesellschaften, unabhängig von Flucht- und Migrationsbewegungen, sie wird nur quantitativ verstärkt durch Letztere. Wie kann also Zusammenleben in einer offenen Gesellschaft unter der Maßgabe der verfassungsverbürgten Grundwerte zukunftsfähig gelingen?

Gesellschaftlicher Zusammenhalt erwächst aus wechselseitigem Nehmen und Geben im Hinblick auf ein freiwillig geteiltes Gemeinwohlinteresse. Dies zeigt sich in Verantwortung und Verbundenheit im Dienst eines gemeinsam zu erreichenden, gesellschaftlichen Gutes (wie gerechtes Zusammenleben, gute Bildung oder praktizierte Gleichheit). Erfahrener und gelebter Zusammenhalt äußert sich im Umgang als wechselseitige Anerkennung und Teilhabe, als Begegnung auf Augenhöhe und geleistete (nicht nur verbal bezeugte) Solidarität – nicht aber durch eine Pflicht zur »Integration«. Was zunächst im Dienst des gesellschaftlichen Miteinanders vielleicht als keineswegs übertriebener Anspruch klingt, erweist sich genauer betrachtet als Kategorienfehler. Eine geforderte Pflicht zur Integration verkennt die Art und Weise, wie Menschen prinzipiell agieren und konstruktiv handeln können. Denn zu kooperativem Handeln und gegenseitigem Verständnis kann einer weder politisch noch durch Nachteil- oder Strafandrohung »verpflichtet« werden. Dies ist nur freiwillig und positiv selbstmotiviert zu leisten und anzunehmen.[1] Gelingende Inklusion ist kein einseitig von einem Subjekt zu leistender Part, sondern gibt es nur als intersubjektives Geschehen, letztlich als Resultat von gegenseitigem Interesse und geteilter Aufmerksamkeit. Dies setzt prinzipiell Sehen- und Gehörtwerden voraus, und äußert sich in lebendiger Teilhabe und im Gelingen wechselseitiger Anerkennungsprozesse.

Durch rhetorische Gleichmacherei bestimmter Gruppen und deren gezielte Segregation, die durch jede »Wir–Ihr«-Rhetorik wirksam ist, wird dies aber – und damit auch sozialer Zusammenhalt – grundlegend unterminiert und nachhaltig verhindert. Erfolgte dies früher mit der Bezeichnung »Ausländer« auch für Deutsche mit Migrationshintergrund, und wurde dann abgelöst von der politischen Identifikation und Unterscheidung von Menschen mit sowie ohne »Migrationshintergrund«, so ist es heute ein Gemeinplatz der Politik und öffentlicher Medien, diese erstaunlich willkürliche Zuschreibung und dadurch scheinbar vorhandene »Wir–Ihr«-Trennung der Gesellschaft ständig in den Fokus zu rücken und medial zu reproduzieren. Wie willkürlich die Zuschreibung und Debatte in ihrer Segregationstendenz ist, zeigt die Tatsache, wen diese sehr allgemein formulierte Zuschreibung betrifft und wen nicht, welche Kriterien (Status, Geld, sehr ungleich gewertete Herkunftsländer)[2] faktisch darüber entscheiden, ob eine Person in Deutschland zu »Wir« oder »Ihr« gehört und damit implizit und wiederholt ausgeschlossen

---

1 Vgl. Arendt 1981: §§ 24–26, Honneth 2010.

2 Vgl. zum Beispiel eine weiße, in den USA oder in Schweden geborene Person, die ihren Lebensmittelpunkt in Deutschland hat. Diese weiß sich natürlich mit gemeint bei dieser statistischen Zuschreibung »Bürgerin oder Bürger mit Migrationshintergrund«, wird sie aber weder als Segregationsgrund erfahren, noch als persönliche Benachteiligung oder Einschränkung durch andere, wie eine den äußeren Merkmalen nach nicht-mittel-/nordeuropäische Person, der man eine Herkunft aus dem Süden oder Nahen Osten bereits optisch unterstellen kann. Diese erleben tagtäglich eine fast selbstverständliche Zuordnung zu »Ihr« gegenüber »Wir« aufgrund des »Migrationshintergrunds«. Gleich wie lang man an einem Ort lebt, ob dort geboren oder beziehungsweise inzwischen deutscher Staatsbürger ist, wird die Fremdheit als Mangel und kaum als Bereicherung attestiert. Das verweist auf die nach wie vor über äußere, damit rassistische Kennzeichen verhandelte Zugehörigkeit zur deutschen Gesellschaft – die gerade im Widerspruch stehen zu den politisch oft genannten Leistungskriterien und geforderten Integrationsleistungen, die angeblich Voraussetzung seien, um in der Gesellschaft vollwertig anerkannt zu werden. Wie wenig das gilt, zeigte die Debatte um den ehemaligen Fußballnationalspieler Mesut Özil.

wird von einer vermeintlichen Kerngesellschaft. Aber die Kriterien der Unterscheidung von »Wir« und »Sie« sind oft vage und willkürlich, im Kern herkunfts- und vergangenheitsbezogen. Im Zuge dessen wird auch seit einigen Jahren zum Beispiel das Feindbild des »Islam« unbedacht inszeniert und zum Stigma der sogenannten muslimischen Bevölkerung aufgebaut (worunter auch unbedacht die Nichtgläubigen oder Andersgläubigen aus bestimmten Herkunftsländern fallen), anstatt diese, wie alle anderen unterschiedlichen Lebens- und Glaubensformen, individuell zu betrachten und in ihrer Vielfalt anzuerkennen. Die Alternative und der hiermit geforderte Weg zur Integration als Inklusion – das heißt: zu gesellschaftlichem Zusammenhalt und konstruktivem Zusammenleben – bestünde im Kern darin, normativ »in der Zukunft zu ankern«.[3] Das verlangt, das gesellschaftliche »Wir« durch gemeinsame, werthafte Anliegen und positiv formulierte Ziele zu definieren, die von der Idee eines künftigen Gemeinwesens getragen ist.[4]

Lebendiger Zusammenhalt und Gemeinschaft sind durch die Vorgabe einer inhaltlich postulierten »Leitkultur« und den damit einhergehenden politisch einseitigen Fokus auf lokale Gebräuche, kulturelle Gewohnheiten und religiöse Symbole (wie zum Beispiel in dem aktuellen Kreuz-Erlass in Bayern, den sogar maßgebliche Vertreter der christlichen Kirchen dezidiert ablehnen[5]) weder zu erzwingen, noch durch assimilative Forderungen nach Integration »Anderer« in ein vermeintlich einheitliches, vorhandenes Ganzes zu erreichen. Denn Gesellschaft[6] ist stetig im Wandel begriffen und auf Veränderung hin offen; ebenso lässt sich »Zusammenhalt« als relationale Kategorie im Allgemeinen und »gesellschaftlicher Zusammenhalt« im Besonderen nicht künstlich festhalten oder technisch gewollt »machen«. Vielmehr erwächst er aus wechselseitigem Tun und Teilhabe aller Beteiligten am gesellschaftlichen Miteinander mit gleichem Recht auf Anerkennung als individuelle Person vor aller kulturalisierenden Zuschreibung.

---

3 Vgl. Taylor 2016.

4 Vgl. Taylor 2016, Taylor/Gutmann 2009.

5 Vgl. Zentrum für Globale Fragen 2018a.

6 Gesellschaft wird hier als abstrakter Resultatsbegriff verstanden, der alle realen Bezüge und komplexen Geschehnisse zwischen den Akteuren und deren Reflexion in Diskursen und allen medialen Ausdrucksformen umfasst. Er ist insofern nur Indexbegriff eines Zustands in politischem Austrag und Bewegung.

So erweist sich die soziale Frage als eigentliches Problem eines anvisierten, gesellschaftlichen Zusammenhalts und größte Hürde der »Wege zur Integration«.[7] Hier zeigt sich auch, wie missachtende Prinzipien der »Integration« (wie Bevormundung, maximale Anpassungsforderung, Freiheitsrechtebeschränkung) analog sind zu problematischen, da unwürdigen und demütigenden, aber inzwischen selbstverständlichen Praktiken der Armutsverwaltung und -verfestigung, zum Beispiel im Bereich Hartz IV. Damit erweisen sich die genannten Abwege der »Integration« in direktem Zusammenhang zur sozialen Frage: Es sind prinzipiell gleiche Formen und amtliche Praktiken der Missachtung und institutionalisierter Demütigung und Entmutigung durch fehlende Teilhabe und übertriebene Kontroll- und Misstrauensmechanismen. Stattdessen empfehlen wir positiv zu etablierende Praktiken wechselseitiger Anerkennung als Person.

Diese bemessen sich daran, ob und inwiefern die Betroffenen prinzipiell gefragt und gehört werden, wie die Art des Umgangs mit Personen unabhängig von ihrer Herkunft im institutionellen Rahmen ist und nicht zuletzt an einer tatsächlichen Zubilligung von Spielraum für das Gestalten und Entscheiden, sowohl momentan mittel- oder arbeitsloser als auch geflüchteter und migrierter Menschen hinsichtlich individueller und gemeinsamer Belange.

Handlungsempfehlungen

▶   Zu empfehlen ist die Schaffung von institutionalisierten Reflexions- und Begegnungsräume für Grundsatzfragen, um eine faktisch gemeinsame, moralische Orientierung im Handeln zu gewinnen und handlungsleitend umzusetzen: »Wie können wir gut und gerecht zusammenleben?«.[8] Das ist nicht durch einen einmaligen Leitbildprozess auf institutioneller Ebene zu erreichen, sondern verlangt begleitende Praktiken der ethischen und persönlichen Reflexion und Begegnung aller Beteiligten – sowohl auf politischer Ebene, als auch dringend benötigt in den Bereichen Bildung und Soziale Arbeit, gerade auch für Sachbearbeiterinnen und Sacharbeiter sowie Entscheiderinnen und Entscheider auf bürokratischer

---

7   Vgl. den Abschnitt »4.4 Soziale Ungleichheit«.
8   Vgl. Arendt 1981: §§ 24–26.

Ebene. In Verwaltung und staatlichen Institutionen sind solche Reflexions- und Begegnungsräume institutionell zu verankern und professionell zu begleiten (Positivbeispiel: »Runder Tisch« zu Wertevermittlung und kulturelle Integration des BAMF 2018).[9]

▸ Es wäre unbedingt empfehlenswert, die Expertise und den bisherigen Einsatz der jetzt schon professionell engagierten Migrantinnen und Migranten sowie Geflüchteten gezielt als hochspezialisierte Inklusionsexperten anzuerkennen und diese entsprechend fortzubilden. Da sie derzeit – zum Beispiel in den Unterkünften als Mitarbeiterinnen, Dolmetscher, in der Sozialen Arbeit (im Konfliktmanagement, in Beratung und Betreuung) schon sehr erfolgreich tätig und inzwischen vielfach sehr erfahren sind – wäre es unbedingt empfehlenswert, sie als fachspezifische Expertinnen und Experten für inklusiven Umgang und das Zusammenleben mit Gruppen hoher Diversität anzuerkennen und auch gezielt in die Weiterqualifizierung dieser Zielgruppe zu investieren. Das macht sich nicht nur als sozialer Gewinn bemerkbar, sondern verhindert auch später anfallende Mehrausgaben auf kommunaler Ebene für verspätete und daher weniger wirksame Integrationsmaßnahmen.

▸ Ziel wäre es demnach, diese Stellen der professionell in den Unterkünften als Dolmetscher oder pädagogische Mitarbeiter tätigen Migrantinnen und Migranten sowie Geflüchteten zu verstetigen und ihre Tätigkeit und Rolle jenseits prekärer Arbeitsverhältnisse (wie bisher) finanziell und institutionell weit besser anzuerkennen. Statt sie wie geplant nur kurzfristig in die Integrationsaufgaben einzubeziehen, aber meist zu geringer Entlohnung und mit kurzfristigen Arbeitsverträgen zu beschäftigen, könnte eine Anerkennung dieser Zielgruppe der integrativ und inklusiv engagierten Migrantinnen und Migranten sowie Geflüchteten eine ausgezeichnete Brückenfunktion darstellen im Hinblick auf gemeinsame Wertebildung und inklusive Gesellschaftsentwicklung.[10]

▸ Existenzielle Sicherheit muss absolute Priorität haben – nicht nur auf materieller, sondern auch auf geistiger und seelischer Ebene. Sie ist unabdingbar für gesellschaftlichen Zusammenhalt wie für

---

9 Vgl. den Abschnitt »6.1 Gesellschaftsbildung«.

10 Vgl. den Abschnitt »5.5 Kompetenzorientierte Anerkennung«.

menschenwürdiges Dasein der einzelnen: Dazu gehört vor allem auch die Möglichkeit, tätig zu sein, sich einbringen zu können und sein Leben aktiv gestalten zu dürfen, ebenso selbstständig planen und entscheiden zu können über die eigene Lebenszeit, darüber was man tut und wie man lebt, eine Wahlmöglichkeit und Perspektive im Leben zu haben.[11] Daher ist die fehlende Arbeitserlaubnis und der eingeschränkte Zugang zu Arbeitsmarkt und Bildungsinstitutionen für Menschen vor oder im Asylverfahren, nebst dem prinzipiellen Leiden an Planungsunsicherheit und oft großer existenzieller Unsicherheit und jahrelangem Warten auf eine Entscheidung im Asylverfahren, eines der fatalsten Hinderungsgründe für gelingende Inklusion und gesellschaftlichen Zusammenhalt, erst recht für die persönliche und soziale Entwicklung der Einzelnen. Denn es gibt – was wissenschaftlich sowohl aus der Neurobiologie wie aus der psychologischen Traumaforschung gut belegt ist[12] – kaum etwas Schlimmeres für Menschen, als zur Untätigkeit oder zu unfreiwilliger Arbeit verdammt zu sein, nicht über die eigene Lebenszeit inhaltlich bestimmen, sich nicht frei bewegen zu dürfen und vor allem keine verlässliche Zukunftsperspektive zu haben (daher gelten Zwangsarbeit und Gefängnis auch als Strafformen). Das ist aber bei den oft langen Wartezeiten von Geflüchteten und Asylsuchenden auch der Fall, wenn sie nicht arbeiten dürfen, nicht mit anderen lernen oder nichts tun können, was in ihren Augen sinnvoll und zukunftsfähig wäre.

▶ Empfohlen wird deshalb auch dringend (nicht nur berufliche, sondern auch universitäre) Bildungszugänge früher, informeller und weitreichender für diese Zielgruppe zu öffnen und Wohnsitzauflagen und Residenzpflicht aufzuheben. Das muss gewährleistet sein, sowohl aus humanitären Gründen als auch aus Gründen des gesellschaftlichen Zusammenhalts, im Dienst lokaler Arbeitsmarktpolitik und langfristiger Bildungsentwicklungen, die alle davon profitieren würden, wenn Geflüchtete sobald wie möglich Zugang zu Tätigkeiten, Ausbildungen und Sprachkursen bekämen, idealerweise von Anfang ihres Aufenthalts an. Die dadurch gewährleistete Bewegungsfreiheit,

---

11 Vgl. Benhabib 2013.
12 Vgl. Hüther 2018, Abdallah-Steinkopff/Soyer 2013.

Selbstbestimmung und größere Planungssicherheit würde gesamt-gesellschaftliche Partizipation und demokratische Wertebildung aller hier und jetzt in diesem Land Lebenden ermöglichen.

▶ Der Familiennachzug ist zu befördern und viel stärker zu verankern, da die engsten Beziehungen essenziell für seelische Gesundheit, Arbeitsfähigkeit, Motivation und Bildungserfolg sind. Umgekehrt gefährdet der Verlust oder Entzug der sozialen und familiären Bindungen genau das auf verschiedenen Ebenen prinzipiell. Dafür spricht auch die immer noch unterschätzte Rolle von psychischen Belastungen (vor allem Misstrauen, Abwertungs- und Entmündigungserfahrungen) und existenzieller Unsicherheit (aufgrund eines prekären Status, drohender Abschiebung, Perspektivlosigkeit) für Motivation, Partizipation, Spracherwerb und Bildungsqualität.

▶ Eine weitere und zentrale Maßnahme im Dienst einer gesellschafts-politischen Wertschätzung von Pluralität und einer Umsetzung des Primats lebendiger Teilhabe wäre die gezielte Miteinbeziehung der diversen lokalen, aber auch bundesweit organisierten Migranten-organisationen in die konkrete und konzeptuelle Entwicklung sowie Implementierung von Integrations-/Inklusionsmaßnahmen, was bisher kaum der Fall ist. Aufgrund ihrer jahrzehntelangen Expertise in dem Feld und vielfältiger Best-Practice-Erfahrungen mit oft inno-vativen und erprobten Wegen der Integration können sie wertvolle Beiträge in Form von Umsetzungskonzepten und Qualitätskriterien leisten. Zudem würde eine solch konkrete wie ernsthafte Beteili-gung (nicht nur wie bisher oft nur symbolische Beteiligung oder Einladung) der Migrantenorganisationen zu nachhaltig gelebter Teilhabe, gesellschaftlichem Zusammenhalt und signifikant weniger Segregation und Diskriminierung führen – da faktisch sichtbarer wird, welcher Gewinn und ideelle Reichtum, Innovation und Ent-wicklung gerade durch bisherige Migrationsbewegungen und durch die Pluralität vielfältiger Herkünfte für diese Gesellschaft entsteht.[13]

▶ Sprachen/Mehrsprachigkeit als zentrale Bildungsressource und Vielfalt als Wert statt als Bildungsmangel zu sehen – sei es bei Kin-dern im (Vor-)Schulkontext oder bei erwachsenen Migrantinnen und Migranten oder Geflüchteten. Ebenso wird die Wiedereinführung

---

13 Vgl. Taylor/Gutmann 2009, Rennert 2017.

von muttersprachlichem Ergänzungsunterricht beziehungsweise bilinguale Unterrichtsassistenz empfohlen, wodurch Perspektivwechsel und wechselseitige Anerkennung institutionalisiert geübt und in globaler Perspektive implementiert würde.[14]

Dass Migration kein Nachteil sein muss, sondern dezidiert ein Vorteil und ein Anlass zur Weiterentwicklung der pluralen Demokratie und gesellschaftspolitischen Praktiken sein kann, steht und fällt gerade damit, inwiefern es gelingt, innovative Ideen und nachhaltige Konzepte für das Zusammenleben und die drängenden Fragen lokaler und globaler Gerechtigkeit zu entwickeln. Diese sind zu gewinnen aus einem lebendigen Dialog zwischen Wissenschaft und sozial- oder bildungspolitischen Akteuren, mit dem Ziel einer grundsätzlichen Besinnung und Orientierung im Hinblick darauf, worum es im gesellschaftlichen Diskurs wirklich geht und was positive Narrative der Zukunft sein können. Daher sind konkrete Maßnahmen wie oben genannt zu empfehlen.

► Es braucht ein öffentlich klares und handlungsleitendes Bekennen zu Grundwerten und zum Wert der Pluralität als ausdrückliche Zielvorgabe des politischen Handelns[15] – statt gezielt ambivalente politische Strategien zu vertreten, wie zum Beispiel »Integration« als Ziel zu benennen, aber zeitgleich auch sehr gut integrierte Menschen abzuschieben. Durch Letzteres wird die gesellschaftliche Orientierung im Ganzen gefährdet, da unklar ist, worum es uns als Gesellschaft geht, wofür wir stehen und welchen Weg wir zukünftig gemeinsam gehen wollen. Daher gilt es konkret, in Medien, Öffentlichkeit und im Bildungsgeschehen dezidiert positiv und begründet Position für Grund- und Menschenrechte und den Wert einer freien und offenen Gesellschaft zu beziehen.[16]

Denn politische Orientierung und gemeinsame Besinnung auf verfassungsverbürgte Werte sind politisch stark zu machen – nicht nur im Hinblick auf die Zielgruppe der Neuangekommenen, sondern für alle hier Lebenden und hier politisch Sozialisierten: Ein klares Bekenntnis und Verpflichtung zu inklusivem Denken und

---

14 Vgl. den Abschnitt »6.5 Neue Konzepte für gelungene Mehrsprachigkeit«.
15 Vgl. Arendt 2013.
16 Vgl. den Abschnitt »5.2 Öffentliche und mediale Diskurse«.

Handeln und zur offenen und pluralen (Migrations-)Gesellschaft und deren gemeinsamen Gestaltung mit allen hier lebenden Akteuren ist unabdingbar und öffentlich zu formulieren und von Entscheidungsträgern und Meinungsmachern zu vertreten, nicht nur von humanitär engagierten Teilen der Zivilgesellschaft.

4.2 Das Modell einer offenen und nicht-demütigenden Gesellschaft

Unter einer »offenen Gesellschaft«[17] kann man eine inklusive Gesellschaft verstehen, die von den Bedürfnissen der Individuen und von deren Recht auf Selbstbestimmung her denkt und die für neue Mitglieder offen ist. Die freie, individuelle Selbstbestimmung hat allerdings da ihre Grenze, wo sie die freie Entfaltung eines anderen Individuums verletzt. Inklusion meint dann die Ermöglichung von selbstbestimmter Teilhabe für alle Gesellschaftsmitglieder, allerdings unter Wahrung bestimmter allgemeiner Regeln, die sicherstellen, dass die Gesellschaft als offene bestehen kann. Die freie Entfaltung ist insofern an den Rahmen der allgemeinen Menschenrechte und an rechtliche Strukturen gebunden, welche ein Zusammenleben in größtmöglicher Freiheit ermöglichen sollen. Gesellschaftliche Institutionen sind so einzurichten, dass sie allen Gesellschaftsmitgliedern ermöglichen, selbstbestimmte gesellschaftliche Teilhabe zu verwirklichen. Sie sollen Inklusion befördern und jegliche Diskriminierung und jeglichen Paternalismus vermeiden.

Eine zentrale und notwendige Voraussetzung für die selbstbestimmte Teilhabe der Gesellschaftsmitglieder ist ihre Selbstachtung. Nach John Rawls zeichnet sich diese Selbstachtung durch zweierlei aus: »Einmal gehört zu ihr [...] das Selbstwertgefühl, die sichere Überzeugung, dass die eigene Vorstellung vom Guten, der eigene Lebensplan, wert ist, verwirklicht zu werden. Zweitens gehört zur Selbstachtung ein Vertrauen in die eigene Fähigkeit, seine Absichten, soweit es einem eben möglich ist, auszuführen.«[18]

---

17 Geprägt wurde der Begriff vor allem durch Karl Poppers Werk *Die offene Gesellschaft und ihre Feinde*, das erstmals 1945 erschien (vgl. Popper 1992; weiter vgl. auch Carius/Welzer/Wilkens 2016).

18 Rawls 1975: 479.

Da Selbstachtung so eng und so wesentlich mit der Motivation zur selbstbestimmten gesellschaftlichen Teilhabe verbunden ist, muss eine offene und gerechte Gesellschaft in oben dargelegtem Sinne »fast um jeden Preis [...] soziale Verhältnisse vermeiden, die die Selbstachtung untergraben«.[19] Daraus folgt die zentrale Forderung an gesellschaftliche Institutionen, nicht das Selbstachtungsgefühl der Personen zu verletzen, die von ihnen abhängig sind.[20] Mit anderen Worten können gesellschaftliche Institutionen nur dann selbstbestimmte Teilhabe ermöglichen, wenn sie nicht demütigend sind. Dies ist die Quintessenz des Modells einer nicht-demütigenden Gesellschaft, wie es vom israelischen Sozialphilosophen Avishai Margalit entwickelt wurde.[21]

Sprache und Praktiken von Institutionen in einer nicht-demütigenden Gesellschaft sollen daran gemessen werden, ob sie mit der Selbstachtung aller Gesellschaftsmitglieder kompatibel sind. So zum Beispiel sollten wir uns fragen, ob sich geflüchtete Menschen nicht zu Recht gedemütigt fühlen können, wenn einige Vertreterinnen und Vertreter politischer Institutionen das verbürgte Recht auf Asyl als ein sogenanntes »Gastrecht« darstellen, das einfach von der Großzügigkeit und Gastfreundschaft des aufnehmenden Staates abhängig gemacht wird. Denn hierdurch wird das Prinzip der Gleichheit durch Rechte mit der Ungleichheit und der Nicht-Reziprozität des Mitleids vertauscht. Wenn die Anerkennung von einem Grundrecht als eine Art Wohltätigkeit dargestellt wird, und nicht als etwas, dem die Institutionen der Gesellschaft verpflichtet sind, dann begründet diese Darstellung eine asymmetrische Beziehung der Überlegenheit, der Dominanz des aufnehmenden Staates über die Geflüchteten.[22]

Für das Konzept der nicht-demütigenden Gesellschaft sind menschliche Würde, institutionelle Demütigung, Paternalismus, Inklusion und Exklusion zentrale Begrifflichkeiten. Diese Begrifflichkeiten sind zugleich zentrale Kategorien für das Paradigma der Inklusion von Menschen mit Behinderungen. In diesem Sinne verbindet sich das Verständnis einer offenen und nicht-demütigenden Gesellschaft mit dem Begriff

---

19 Rawls 1975: 479.
20 Vgl. Margalit 1996: 10f.
21 Vgl. Margalit 1996: 150.
22 Für eine detaillierte Analyse des Unterschieds zwischen Recht und Wohltätigkeit in Bezug auf Demütigung siehe Margalit 1996: 233–246.

der Inklusion, der – in einem erweiterten, sich nicht auf Menschen mit Behinderungen beschränkenden Verständnis – das bisher dominierende Integrationsmodell ablösen sollte.[23]

Handlungsempfehlungen

► Alle sozialen Institutionen sollten danach geprüft werden, ob sie durch ihre Praktiken Personen (hier: Geflüchtete sowie Migrantinnen und Migranten), die unter ihrer Jurisdiktion stehen, in dem Sinne demütigen, dass diese sich begründeterweise in ihrer Selbstachtung verletzt fühlen. Sollte dies der Fall sein, dann sollten diese Institutionen beziehungsweise die entsprechenden Praktiken reformiert werden.[24]

► Die Mitarbeitenden in diesen Institutionen sollten durch gezielte Fortbildungsmaßnahmen für demütigende, die Selbstachtung ihrer Adressaten verletzende Sprache sensibilisiert werden.

► Das anvisierte Ersetzen von Geld- durch Sachleistungen für Asylbewerberinnen und Asylbewerber soll als demütigend für die Betroffenen abgelehnt beziehungsweise rückgängig gemacht werden, da dies ihre ohnehin sehr begrenzte Wahl- und Selbstbestimmungsmöglichkeiten im Alltag weiter beschneidet.

► Eine problematische Praxis im Bereich der Schulbildung, die als schädigend für die Selbstachtung der Betroffenen erscheint, ist die Kategorisierung und die besondere statistische Erfassung von »Kindern mit Migrationshintergrund«. Dieser Begriff soll durch den Begriff »mehrsprachige Kinder« ersetzt werden, damit das Potenzial – und nicht die angeblichen Defizite – dieser Kinder unterstrichen wird. Generell sollte schulische Bildung entkulturalisiert und individualisiert werden.[25]

► Demütigend und auch ungerecht ist die frühe schulische Selektion im deutschen (und insbesondere im bayerischen) Schulsystem, die Kinder mit einer anderen Muttersprache als Deutsch tendenziell besonders stark benachteiligt. Unter anderem werden diese Kinder

---

23 Vgl. den Abschnitt »3. Einleitung: Die Paradigmen der Integration und Inklusion«.
24 Vgl. den Abschnitt »4.1 Wie zusammenleben?«.
25 Vgl. den Abschnitt »6.5 Neue Konzepte für gelungene Mehrsprachigkeit«.

überproportional häufig und ohne medizinisch triftige Gründe in Förderschulen überwiesen.[26] Diese frühkindliche Selektion sollte durch eine viel längere gemeinsame Beschulung aller Kinder ersetzt werden.[27]

▶ Staatliche Unterstützung und Favorisierung von Symbolen, die als Instrumente kultureller oder religiöser Dominanz sowie als Instrumente der Ausgrenzung einzelner Bevölkerungsgruppen benutzt werden können, sollten strikt vermieden werden.

▶ Mittels einer Initiative im Bundesrat gilt es auf ein Bundeseinwanderungsgesetz hinzuwirken, das die gesellschaftliche Inklusion von Migrantinnen und Migranten unterstützt.

4.3 Negative Seiten der »Integration«: Bevormundung und Anpassung als Unterdrückung von Autonomie

Die Erzeugung von institutioneller Demütigung und Missachtung der menschlichen Bedürfnisse, Leistungen oder Rechte ist eine zentrale Quelle von sozialen Konflikten.[28] Dabei kommt soziale Demütigung meistens in Form von Fremdbestimmung zum Ausdruck. Wenn das Paradigma der Integration von Anfang an defizitär verstanden wird – als Bündel von Maßnahmen zur Überwindung von vermeintlichen materiellen, sozialen und kulturellen Defiziten bei Migrantinnen und Migranten sowie Geflüchteten, die zu ihrer Autonomie in einer für sie neuen Gesellschaft führen sollen –, generiert es nicht-intendierte soziale Demütigung. Denn dieses Paradigma legt die Behandlung von erwachsenen Migrantinnen und Migranten oder Geflüchteten als unmündige Menschen nahe, obwohl sie als autonome Personen anerkannt werden sollen, und zwar unabhängig von der Kultur, in der sie sozialisiert wurden. In dem Kontext von »Integration« erscheint soziale Demütigung vor allem in einer Form von Paternalismus, der durch kulturalistische Denkmuster untermauert wird.

Diese Denkmuster schreiben Individuen nur eine einzige Identifikation (Kultur, Religion, Nationalität) zu, die nicht durch reflektierte

---

26 Vgl. Sandor 2017: 230.
27 Vgl. den Abschnitt »6.2 Bildungsgerechtigkeit«.
28 Vgl. Honneth 1994: 256–274.

Wahlentscheidungen, sondern durch schlichte Indoktrination zustande gekommen ist. So werden einige Bevölkerungsgruppen oft ausschließlich auf ihre Religion oder Herkunft reduziert – und nicht als Summe von Individuen betrachtet, die über verschiedene, plurale Identitäten verfügen, die auch aufgrund von freien Entscheidungen zustande kommen können. Ein reduktionistisches wie essentialistisches Verständnis von Identität ist kaum kompatibel mit der Norm des Respekts für Individuen. Zudem ist es nachgewiesenermaßen falsch, die Prinzipien der individuellen rationalen Autonomie und der Freiheit nicht-christlichen und nicht-westlichen Kulturen abzusprechen. Wie der Nobelpreisträger Amartya Sen zeigt, sind diese Prinzipien keineswegs ausschließliche Merkmale der sogenannten »abendländischen Kultur«.[29]

Ideologien, die sich der defizitären Logik des Kulturalismus bedienen, ermächtigen entweder direkt oder indirekt fremdenfeindliche Einstellungen, oder, in ihren weicheren Versionen, untermauern Integrationspolitiken des Paternalismus. Heutzutage finden letztere zum Beispiel Ausdruck in disziplinierenden und indoktrinierenden Praktiken, wie etwa in dem verbindlichen Einüben von Alltagsritualen und »Gebräuchen«, oder in Multiple-Choice-Integrationstests, die ein Auswendiglernen erfordern.[30] Dazu gehören auch Praktiken von Wertevermittlung (im Gegensatz zu Wertebildung)[31], die einen homogenen Wertekanon postulieren.

Solche paternalistischen Praktiken können Misstrauen oder Widerstand als Formen sozialen Handelns hervorrufen, in denen menschliche Würde zum Ausdruck kommt. Daher ist es ein Irrtum, dieses Misstrauen und diesen Widerstand als »Nichtintegrierbarkeit« zu interpretieren. Wie Micha Brumlik mit John Rawls argumentiert, sind soziale oder pädagogische paternalistische Interventionen nur bezüglich Autonomiebildung oder Autonomieverstärkung unmündiger Personen angemessen

---

29 Amartya Sen (2007) begründet diese These mit zahlreichen Argumenten und geschichtlichen Beispielen. In Bezug auf die intellektuell reichhaltigen Traditionen Indiens siehe auch Sen 2005.

30 Das Auswendiglernen, zu dem Multiple-Choice-Integrationstests einladen, regt einerseits nicht zu eigenständigem Verstehen der Materie an. Andererseits ist das Gelernte hier nicht von Dauer – und zwar unabhängig davon, welche Gruppen zu dieser Art von Lernen verpflichtet werden.

31 Vgl. den Abschnitt »6.1 Gesellschaftsbildung«.

und legitimierbar.[32] Konkret bedeutet dies, dass als Orientierung für paternalistische Eingriffe entweder schon bekannte Bedürfnisse und Lebenspläne der Betroffenen genutzt werden sollen, oder – wenn diese Bedürfnisse und Lebenspläne nicht bekannt sind – stattdessen ein Konzept allgemeiner menschlicher Grundbedürfnisse und -güter angewandt werden soll. Paternalistische Interventionen, die eine Veränderung des Charakters oder der Überzeugungen der Betroffenen bezwecken, sind daher illegitim.[33]

In Bezug auf erwachsene Migrantinnen und Migranten sowie geflüchtete Menschen bedeutet dies, dass an sie gerichtete Erziehungsmaßnahmen, die zu ihrer Integration in eine »Leitkultur« führen sollen, illegitim sind, weil die erwachsenen Migrantinnen und Migranten oder Geflüchteten selbstverständlich nicht als unmündige Personen betrachtet und nicht zu Erziehungsobjekten gemacht werden dürfen. Paternalistische (Erziehungs-)Maßnahmen können in diesem Fall nur zu Entmündigung, Autonomieverlust oder zur Entstehung von Ressentiments und sozialen Konflikten führen, die allesamt als schwerwiegende Hindernisse für die aktive soziale und politische Teilhabe von Geflüchteten sowie Migrantinnen und Migranten zu betrachten sind. Damit soll allerdings nicht bestritten werden, dass politische Bildung für die Inklusion von Geflüchteten sowie von Migrantinnen und Migranten sinnvoll und sogar notwendig ist, zumal demokratische politische Bildung nicht paternalistisch ausgerichtet ist.

Handlungsempfehlungen

▶ Paternalistische Maßnahmen und Forderungen nach Anpassung an eine vermeintliche »Leitkultur«, die etwa das bayerische Integrationsgesetz impliziert, stehen dem Gedanken der Würde und individuellen Autonomie entgegen und sind für die Befähigung von Migrantinnen und Migranten zur gesellschaftlichen Partizipation letztlich kontraproduktiv. Daher sollte dieses Gesetz überarbeitet oder durch ein Einwanderungsgesetz ersetzt werden, das eine

---

32 Vgl. Brumlik 2017: 278.
33 Vgl. Brumlik 2017: 284f.

rechtliche Basis für die Inklusion von Migrantinnen und Migranten schafft.[34]

▶ Inklusionsmaßnahmen für Migrantinnen und Migranten sowie Geflüchtete sollen sich an deren Bedürfnissen orientieren und zur Ausformulierung individueller Lebenspläne beitragen.

▶ Sozialwissenschaftliche Forschung soll verstärkt gefördert werden, die die Faktoren institutioneller Diskriminierung, Praktiken der Bevormundung, Indoktrination und Missachtung sowie Formen der Ausgrenzung der Migrantinnen und Migranten sowie der Geflüchteten identifiziert und rekonstruiert.

▶ Strategien zur Erschaffung von nichtdemütigenden Institutionen (einschließlich inklusivem Arbeitsmarkt) sollen erarbeitet und zur öffentlichen Diskussion gestellt werden.[35]

▶ Verstärkung des gesellschaftlichen Zusammenhalts soll durch Wertebildung anstatt durch »Wertevermittlung« angestrebt werden. In diesem Sinne ist es vonnöten, Alternativen zu den Multiple-Choice-Einbürgerungstests zu entwickeln, die ein Auswendiglernen begünstigen und einen homogenen Wertekanon postulieren.[36]

4.4 Soziale Ungleichheit

Menschen sind verschieden. Das ist zunächst weder gut noch schlecht, sondern ein Sachverhalt menschlichen Zusammenlebens. Allerdings werden in den Prozessen marktwirtschaftlich organisierter Gesellschaften bestimmte Personengruppen systematisch in eine Lage versetzt, die sie im Vergleich mit anderen bei denselben Voraussetzungen in eine schlechtere gesellschaftliche Position bringt, was Ressourcenzugang, Teilhabe an gesellschaftlichen Prozessen, Gütern und anderem mehr anbelangt. Diese Entwicklungen sind auch in Bayern zu beobachten.[37] Auf diese Weise wird gesellschaftlich eine ebenso ökonomische wie soziale Ungleichheit

---

34 Vgl. den Abschnitt »4.8 Die Arbeit der Behörden«.
35 Vgl. die Abschnitte »5.5 Kompetenzorientierte Anerkennung« und »5.4 Arbeitsmarktzugang für Geflüchtete?«.
36 Vgl. den Abschnitt »6.1 Gesellschaftsbildung«.
37 Vgl. Beyer 2017.

bewirkt, die dem Bedürfnis der Menschen nach einem guten und gesicherten Leben entgegensteht.

Soziale Ungleichheit muss anhand der Bedingungen von Marktwirtschaften in den Blick genommen werden. Erst so erschließen sich zureichend Ursachen, Zwecke und Konsequenzen gesellschaftlicher Prozesse von Ungleichheit. In den gegenwärtigen Formen europäischer Gesellschaften wird der soziale und ökonomische Ausschluss von Menschen allzu leichtfertig in Kauf genommen.[38] Dort, wo die Mehrung von Reichtum durch Lohnarbeit im Vordergrund steht, werden Menschen beispielsweise von Waren ausgeschlossen, wenn sie sich deren Erwerb aufgrund von deren Kosten nicht leisten können. Ist der Zugang zu Waren begrenzt, erfolgt daraus sozialer Ausschluss.

Der Ausschluss von Gütern, also soziale Ungleichheit, lässt sich beispielsweise ganz konkret an einem Mangel an bezahlbarem Wohnraum, dem vermehrten Aufsuchen von »Tafeln« oder dem Abbau oder der Verteuerung von Sozialtickets für öffentlichen Personennahverkehr beobachten.

Im Sinne des gesellschaftlichen Zusammenhalts halten wir es für notwendig, dass die in der Vergangenheit durch Politik und Wirtschaftssystem erzeugte Ungleichheit reduziert wird. Dies muss mittels einer vernünftigen, also dem Bedürfnis und den Fähigkeiten der Menschen entsprechenden, Verteilung von Chancen und Ressourcen geschehen.

Diese Grundlagen kapitalistischer Vergesellschaftung spitzen sich abermals zu – und steigern folglich die soziale Ungleichheit –, wenn sie unter den Bedingungen des Neoliberalismus[39] Einfluss auf das Leben von Menschen nehmen. Indem die wirtschaftlichen Kompetenzen und Aktivitäten, aber ebenso die Mängel und Misserfolge primär auf das »wirtschaftlich freie« Individuum verrechnet werden, ergibt sich daraus eine veränderte Form gesellschaftlicher Strukturen. Dabei werden einerseits solidarische Systeme (Kranken-, Erwerbslosen- oder auch Rentenversicherung) kontinuierlich reduziert und die Wohlfahrt auf die wirtschaftliche Aktivität des Individuums verlegt, andererseits entsteht durch diesen Individualismus eine Gesellschaft, die ihre Art des Lebens

---

38 Vgl. Wirth/Möhl 2014.
39 Vgl. Crouch 2013, Harvey 2007.

und Wirtschaftens auf Kosten anderer betreibt[40] – anderer Personengruppen in derselben Gesellschaft, zum Beispiel sogenannter Randgruppen, oder eben auf Kosten der Menschen in anderen Regionen der Welt.

Da die globalen Regionen mittlerweile enger miteinander vernetzt sind als in früheren Jahrhunderten, werden die Folgen solchen Wirtschaftens auf Kosten anderer nunmehr stärker auf die europäischen Gesellschaften zurückgeworfen – zum Beispiel als Klimawandel oder auch als Fluchtursachen für Menschen, die angesichts von Hunger, Krieg oder Verfolgung gezwungen werden, sich und die Ihren in Sicherheit zu bringen. Und diese Sicherheit erwarten zunehmend mehr Menschen in Europa, in Deutschland, auch in Bayern. Damit steigt die Zuwanderung. Ressourcen, die es in Deutschland in bemerkenswert hohem Maße gibt, müssen auch aufgrund dieser Veränderung nach anderen Maßstäben verteilt werden und infolgedessen wächst bei manchen die Sorge, nicht mehr genügend für den eigenen Lebensunterhalt bekommen zu können.

Um die damit entstehenden Konflikte zu moderieren und die angemerkte Umverteilung zu organisieren, gibt es den Sozialstaat. Dieser Sozialstaat wird jedoch seit geraumer Zeit zurück- und umgebaut, die Fürsorge auf das Individuum selbst verlagert, Solidarsysteme werden zunehmend infrage gestellt. Die Ursachen für Armut und soziale Randstellung werden hierbei in der Regel zunächst bei den Personen (oder den »abgehängten Stadtteilen«) selbst gesucht und unter dem Imperativ des »Förderns und Forderns« individualisierende und nicht selten disziplinierende Maßnahmen durchgesetzt.[41] Dass der Sozialstaat in der Vergangenheit massiv gekürzt und die Vorsorge verstärkt in die Verantwortung des Individuums gelegt wurde, zeigt sich einerseits an dem Ausbau der Betriebsrenten, bei gleichzeitigem Abbau der staatlichen Rente, und daran, dass diverse sozialpolitische Impulse (Mütterrente I, Baukindergeld, kostenlose Kita) vor allem ökonomisch abgesicherten Schichten zugutekommen. Der soziale Ausgleich steht somit nicht im Vordergrund.

Soziale Ungleichheit wird folglich ökonomisch bedingt und politisch durchgesetzt. Im Zuge der Zuwanderung von Menschen ohne deutschen Pass kommt eine weitere analytische Dimension hinzu. Empirisch zeigt

---

40 Vgl. Lessenich 2016.
41 Vgl. Lessenich 2013.

sich, dass Menschen mit sogenanntem Migrationshintergrund in Deutschland systematisch häufiger in ökonomisch prekären Lebenslagen sind als Menschen ohne solch einen Hintergrund. Die Gründe hierfür sind vielfältig, liegen jedoch strukturell in dem Narrativ der »Andersartigkeit«, das in der Regel zu einer Diskriminierung und somit zu sozialem Ausschluss führt.

Solche migrationsbezogenen Produktionsmechanismen sozialer Ungleichheit werden abermals intensiviert für Menschen, die fluchtbedingt zugewandert sind, insofern von ihnen besondere Hürden (aufenthalts- und arbeitsrechtlicher Art, aber auch aufgrund sozialer Produktion von »Fremde« und anderes mehr) zu bewältigen sind. Dabei kann in der aktuellen Forschung eine Abhängigkeit von der sozialen Klasse in Verbindung mit ethnisch-nationaler Zugehörigkeit nachgewiesen werden, die ihrerseits in Europa über einen längeren Zeitraum mit (sozial-) staatlichen Maßnahmen abgemildert wurde.[42] An diese staatlichen Maßnahmen der Moderation von belastenden Lebenslagen muss angeknüpft werden, sofern man mit der Politik des sozialen Ausgleichs fortfahren möchte, die der sozialen Lage in den europäischen Wohlfahrtsstaaten zumindest einige der Spitzen des sozialpolitischen Niedergangs in anderen Regionen auf dem Globus nahmen.[43] Daraus ergeben sich Handlungsimpulse in unterschiedlichen Zuschnitten und Reichweiten.

Handlungsempfehlungen

▶ In Folge von sozialer Ungleichheit sind Migrantinnen und Migranten sozialer Ausgrenzung ausgesetzt, zu der als weiterer Faktor die Ausgrenzung auf einer ethnisch-kulturellen Ebene hinzukommt. Insofern bedürfen Migrantinnen und Migranten unter den derzeit gegebenen Verhältnissen einer Unterstützung in den grundlegenden Feldern sozialer Praxis wie insbesondere Wohnen, Arbeiten, Bildung und Versorgung im Alter.

---

42 Vgl. Wacquant 2018: XIV.
43 Vgl. Wacquant 2018: XVf.

▶ In allen diesen Feldern sind Maßnahmen der Antidiskriminierung[44] vonnöten, um dem oben skizzierten strukturellen Prozess der Verdrängung an den gesellschaftlichen Rand entgegenzuwirken.

▶ Veränderung der Fragmentierung und Prekarisierung von Lohnarbeit zugunsten eines existenzsichernden Lohnniveaus im Sinne eines deutlich anzuhebenden Mindestlohns (an dem die bayerische Landesregierung mit ihren Mitteln mitwirken kann).

4.5 Demokratie und gesellschaftlicher Zusammenhalt in einer Migrationsgesellschaft

Zu einer freien, offenen und inklusiven Gesellschaft gehört es, dass sich die Gesellschaftsmitglieder auch in politischer Hinsicht selbst bestimmen – sie ist also notwendigerweise demokratisch. Ein gewisses Maß an gesellschaftlichem Zusammenhalt ist für eine funktionierende Demokratie und die Solidarität innerhalb der Gesellschaft (zum Beispiel wenn es um sozialstaatliche Umverteilung geht) essenziell. Zusammenhalt wird jedoch durch soziale Ungleichheit bedroht.[45] Soziale Ungleichheit ist zumeist vor allem wirtschaftlich bedingt, sie beinhaltet aber auch andere (kulturelle) Aspekte und drückt sich zum Beispiel als eine »Ungleichheit der Aufmerksamkeit und des Respekts«[46] aus, das heißt als Diskriminierung und fehlende Anerkennung.[47] Armut und Arbeitslosigkeit beziehungsweise die Angst davor haben Abstiegsängste und letztlich Desintegration zur Folge, welche sich wiederum bei den betroffenen Individuen als Entfremdung und zum Teil auch in Ressentiments, etwa im Sinne einer Ablehnung von Heterogenität, ausdrücken.[48] Es ist also zu fragen, wodurch eine offene, plurale Gesellschaft zusammengehalten wird.

Eine wesentliche Grundlage für den Zusammenhalt einer demokratischen Gesellschaft ist soziale Gerechtigkeit. Deshalb ist es notwendig, soziale Ungleichheit mittels einer vernünftigen, also den Bedürfnissen

---

44 Vgl. den Abschnitt »4.6 Schutz vor Diskriminierung«.
45 Vgl. zum Beispiel Bertelsmann Stiftung 2017: 17f., 60–65. Vgl. weiter hierzu den Abschnitt »4.4 Soziale Ungleichheit«.
46 Vgl. Bertelsmann Stiftung 2017: 12.
47 Vgl. den Abschnitt »4.6 Schutz vor Diskriminierung«.
48 Vgl. etwa Heitmeyer 2007.

der Menschen entsprechenden, Verteilung von Chancen und Ressourcen politisch zu reduzieren. Soziale und ökonomische Ungleichheit bedeutet neben materieller Armut unter anderem eine Marginalisierung in demokratischen Prozessen, also ein »Nicht-repräsentiert-Sein« im demokratischen Diskurs. Da die Möglichkeit, Gesellschaft mitzugestalten, den davon Betroffenen somit verwehrt ist, bleibt der Willensbildungsprozess unvollständig und ist daher verzerrt. Dementgegen müssen alle Menschen die gleichen Möglichkeiten haben, auf ihre Weise soziale Teilhabe zu verwirklichen. Dabei ist über das Prinzip der bloßen Chancengleichheit hinauszugehen. Denn Menschen müssen auch die Möglichkeit erhalten, tatsächlich bestehende Benachteiligungen auszugleichen.

Zudem muss die Gesellschaft Wege finden, mit Differenzen und Konfliktpotenzialen, die möglicherweise aus ihrer Komplexität und Heterogenität erwachsen, kreativ umzugehen. Eine Einwanderungsgesellschaft wird mit Sicherheit heterogener und damit auch konfliktreicher aussehen als eine Gesellschaft ohne Einwanderung.[49] Dies ist aber bereits im Begriff einer offenen und freien Gesellschaft, die Vielfalt begrüßt, selbst angelegt. Und in dieser Vielfalt liegen zugleich neue Möglichkeiten und Chancen. Im öffentlichen Diskurs sollte Heterogenität also primär nicht als störend, sondern vor allem als bereichernd verstanden werden. Es geht deshalb um die Etablierung einer »konstruktiven Streitkultur«, in der die unterschiedlichen Positionen gleichberechtigt miteinander ins Gespräch kommen und sich auf die Argumente der anderen einlassen. So wird es möglich, mit Differenzen auf friedliche und produktive Weise umzugehen und die Wege des Zusammenlebens nach allgemein anerkannten Regeln gemeinsam auszuhandeln. Streit und Konflikt stehen also nicht notwendigerweise dem Zusammenhalt der offenen Gesellschaft entgegen, sondern können sogar selbst zu »Wegen der (gelungenen) Inklusion« werden![50] Voraussetzung hierfür ist freilich, dass »gewisse Spielregeln des Streitaustrags eingehalten werden«[51] – sodass zum Beispiel alle akzeptieren, dass jede Stimme gleichberechtigt am Diskurs teilnehmen darf und angehört wird.

---

49 Vgl. El-Mafaalani 2018.
50 Vgl. Dubiel 2008, El-Mafaalani 2018: 229ff. Bereits 1908 hat Georg Simmel (1992: 284–382) auf die Integrationskraft des Streits hingewiesen.
51 Vgl. Sarcinelli 1990: 35.

Dies führt zu der Frage nach dem Umgang mit Gegnerinnen und Gegnern einer offenen Gesellschaft (zum Beispiel Rechtsradikalen oder religiösen Fundamentalisten). Ziel der offenen Gesellschaft und einer konstruktiven Streitkultur sollte es sein, möglichst alle Stimmen in die Diskussion einzubeziehen. Gleichzeitig hat die Offenheit da ihre Grenzen, wo die Prinzipien der Offenheit und einer gleichberechtigten Teilhabe selbst verletzt werden, indem Menschen angegriffen, bedroht oder diskriminiert werden.[52]

Es liegt deshalb im Interesse einer dauerhaften Ermöglichung der offenen Gesellschaft, dass ihre Mitglieder sich mit den Grundprinzipien einer freiheitlichen und demokratischen Ordnung identifizieren.[53] Die offene Gesellschaft bezieht ihre Identität und ihr Selbstverständnis nicht primär negativ aus einer Abgrenzung heraus,[54] sondern vielmehr positiv über ein Bekenntnis zu Freiheit, Vielfalt, universellen Menschenrechten, Rechtsstaatlichkeit und Demokratie. Eine solche Identifikation (ein »Verfassungspatriotismus«[55]) lässt sich nicht erzwingen, wäre aber durch politische Bildung zu fördern. Entsprechende Projekte sollten sich vor allem auch (aber nicht nur) an Jugendliche wenden, zum Beispiel nach dem Modell der »Tutzinger Schülerforen«.[56]

Schließlich kann sozialer Zusammenhalt aus dem gemeinsamen gesellschaftlichen Diskurs hervorgehen. Hierfür müssen Begegnungs- und Handlungsräume geschaffen werden, die allen Menschen offenstehen, in denen sie sich an einen respektvollen und offenen Umgang miteinander gewöhnen können und in denen die gemeinsame Begegnung somit als gegenseitige Anerkennung verwirklicht werden kann: »Begegnung schafft Vertrauen, weil sie dazu anleitet, die Menschen als Individuen zu sehen

---

52 Vgl. den Abschnitt »4.2 Das Modell einer offenen und nicht-demütigenden Gesellschaft«.

53 Vgl. die Präambel des Gesetzes über die Errichtung einer Akademie für Politische Bildung: »Der Bestand und die Zukunft des demokratischen Staates und der von ihm gewährleisteten Freiheit hängen von der rechten Einschätzung seiner Werte durch die Staatsbürger und ihrem Willen, sie zu behaupten, ab. Dem Staat erwächst daher die Pflicht, alle Maßnahmen zu unterstützen und zu ergreifen, die der Pflege der politischen Bildung dienen.«

54 Etwa im Sinne einer identitären Freund-Feind-Logik, wie sie Samuel P. Huntington (1997: 21) formuliert, wenn er sagt: »Wir wissen, wer wir sind, wenn wir wissen, wer wir nicht sind und gegen wen wir sind«.

55 Vgl. Habermas 1992: 632–660.

56 Vgl. Akademie für Politische Bildung 2018.

und Vorurteile, die jeder mit sich herumträgt, zu hinterfragen.«[57] Durch diese gelebte Begegnung kann dann möglicherweise etwas Neues und Gemeinsames entstehen.[58] Die Bedeutung von Begegnungsräumen gilt auch für die politische Ebene im engeren Sinne. So kann sozialer Zusammenhalt aus dem gemeinsamen demokratischen Willensbildungsprozess hervorgehen, das heißt aus einer gemeinsamen politischen Praxis, an der alle teilhaben können.[59]

Handlungsempfehlungen

- ▶ Die politische Bildung muss die positive Identifikation mit den Grundprinzipien einer offenen Gesellschaft (wie Freiheit, Menschenwürde, Menschenrechte, Demokratie) fördern sowie eine konstruktive Streitkultur etablieren, vor allem durch entsprechende Programme für Jugendliche.[60]

- ▶ Es müssen neue Räume geschaffen werden, in denen alle Menschen (unabhängig von ihrer Herkunft) zusammenkommen und somit gemeinsame Begegnung erleben können.

- ▶ Auch wenn die Möglichkeiten politischer Teilhabe keineswegs hierauf beschränkt sind, ist die Einbürgerung von Migrantinnen und Migranten eine wesentliche Bedingung für die vollständige Ermöglichung politischer Inklusion im Sinne einer staatsbürgerlichen Teilhabe sowie für den sozialen Zusammenhalt.[61] 2016 lebten in Deutschland über 10 Millionen Menschen ohne deutsche

---

57 Bertelsmann Stiftung 2017: 8.

58 Vgl. auch Friedrich-Ebert-Stiftung 2017: 6f.: »Gemeinsamkeiten entstehen im Zusammenleben«. Vgl. auch den Abschnitt »6.1 Gesellschaftsbildung«.

59 Vgl. Habermas 1992: 600–631.

60 Entsprechende Angebote politischer Bildung sollten auch den angemessenen Umgang mit digitalen Medien einbeziehen, um der Verbreitung von »Hate Speech« und »Fake News« im Internet entgegenzutreten. Ein positives Beispiel in diesem Zusammenhang kann vielleicht das neu geplante »Newseum« sein, das 2019 in Augsburg eröffnet werden soll (vgl. Krog 2018).

61 Vgl. Thränhardt 2017: 4: »Dass Bevölkerung und Staatsvolk weitgehend zur Deckung kommen, liegt im Interesse der deutschen Demokratie. Wenn alle Menschen, die permanent in Deutschland wohnen, Deutsche werden, stärkt das den sozialen Zusammenhalt, es dient der Integration und macht das Land stabiler.«

Staatsbürgerschaft.[62] Letztere ist aber die Voraussetzung für die Ausübung des aktiven und passiven Wahlrechts auf Bundesebene, ohne sie können also wesentliche Aspekte politischer Teilhabe nicht verwirklicht werden.[63] Der Sachverständigenrat deutscher Stiftungen für Integration und Migration (SVR) schlägt diesbezüglich eine Einbürgerungskampagne vor, die auch die Möglichkeit der doppelten Staatsbürgerschaft vorsieht und in der mögliche Kandidatinnen und Kandidaten von den Kommunen direkt angeschrieben und zur Einbürgerung »eingeladen« werden.[64] Erfolgreich wurde dies bereits von 2011 bis 2015 in Hamburg durchgeführt.[65]

4.6 Schutz vor Diskriminierung in der Einwanderungsgesellschaft

Jede Gesellschaft steht vor der Herausforderung präventive Maßnahmen zu ergreifen, die den Schutz und das Wohlbefinden ihrer Bürgerinnen und Bürger gewährleisten. Ein in Zukunft stärker zu beachtender Sicherheitsaspekt ist das Thema der Diskriminierung, das als Querschnittsthema zivilgesellschaftlicher und staatlicher Institutionen sowie auch im Arbeitsumfeld anzugehen ist. Dem Kontext entsprechend sind Ursachen, strukturelle Formen und Konsequenzen von Diskriminierung auszuloten. Vor dem Hintergrund einer inklusiven Gesellschaft sind notwendige Transformationsprozesse einzuleiten, damit ungerechtfertigte Ungleichbehandlungen weitestgehend vermieden werden.

Formal betrachtet meint Diskriminierung die soziale Setzung von eindeutigen (Gruppen-)Kategorien, denen bestimmte, zumeist als fremd etikettierte Eigenschaften zugesprochen werden. Wenn diese Einordnung und Bewertung dazu genutzt wird, Ungleichbehandlung von Menschen und Gruppen zu begründen, und wenn durch die Ungleichbehandlung

---

62 Vgl. Thränhardt 2017: 3.
63 Vgl. etwa folgende Interviewäußerung der amtierenden Landtagspräsidentin von Baden-Württemberg, Muhterem Aras (2018: 27): »Ich hab damals in der Parteiarbeit sehr bald gemerkt: Wenn du wirklich vollwertiges Mitglied werden willst, musst du auch das aktive und passive Wahlrecht haben.«
64 Sachverständigenrat deutscher Stiftungen für Integration und Migration 2014: 119.
65 Vgl. Thränhardt 2017: 30.

ein Nachteil entsteht, wird an dieser Stelle von »Diskriminierung« gesprochen.[66]

4.6.1 Gründe für Diskriminierung

Diskriminierung ist somit als sozialer Prozess zu verstehen und damit gewissermaßen eine gesellschaftliche Konstante. Jeder Bürger und jede Bürgerin ist eingebunden in einer rassismusrelevanten Matrix[67], die bewusst anzugehen ist, damit unbewusstes rassistisches Handeln vermieden werden kann.[68] Dies gilt besonders dort, wo »Wir–Ihr«-Narrative explizit durch Zuwanderung, Staatsbürgerschaft und der Etablierung einer Einwanderungsgesellschaft ihren Ausdruck finden. Ist dies, wie derzeit im gesellschaftlichen Diskurs zu beobachten, der Fall, wird jeder Mensch innerhalb einer Gesellschaft viel stärker anhand rassistischer Kategorien eingeordnet.[69]

Aus diesem Grund ist Diskriminierung nicht notwendigerweise eine Reaktion auf einen realen Konflikt. Vielmehr konstruieren die Prämissen solcher Einordnungen eine »Andersartigkeit des Gegenübers«, um einerseits Gruppenzugehörigkeit zu befördern, andererseits Anlässe für Konflikte zu produzieren.[70]

4.6.2 Formen von Diskriminierung

Gerade die Verflechtung gesellschaftlicher Systeme und Netzwerke erzeugt unterschiedliche Formen von Diskriminierung, die zunächst nicht als solche erkannt werden. Zumeist operieren diese Systeme mit den Prämissen des vermeintlich gleich Behandelns und gerechten Handelns, und der Privilegierung von individueller Leistung.[71] Dadurch werden jedoch die individuellen Voraussetzungen, Sozialisationsmomente und Zugänge zu gesellschaftlichen Systemen nicht gleichermaßen einbezogen.

---

66 Vgl. Scherr 2016: 3.
67 Vgl. Fereidooni 2017.
68 Vgl. Sachverständigenrat deutscher Stiftungen für Integration und Migration 2018b.
69 Vgl. Fereidooni 2017.
70 Vgl. Scherr 2016: 5.
71 Vgl. Bourdieu/Passeron 1971, Solga 2009.

Aus dieser Warte heraus wird zwischen einer präferenzbasierten und einer statistischen Diskriminierung unterschieden. Erstere bedeutet, dass Menschen aufgrund einer konkreten oder diffusen Ablehnung heraus Menschen ungleich behandeln. Grundlage hierfür ist vielfach Rassismus. Aufgrund äußerer Merkmale (beispielsweise Hautfarbe) wird eine Gruppenzugehörigkeit (Ausländer/Geflüchtete) konstruiert. Ist diese vermeintliche Gruppe negativ konnotiert und wird aufgrund dessen ungleich behandelt, wird von präferenzbasierter Diskriminierung gesprochen.

Die statistische Diskriminierung hingegen basiert nicht auf individuellen Präferenzen, sondern auf allgemeinen Gruppenzuschreibungen.[72] Bewirbt sich beispielsweise eine Person mit Kopftuch auf eine Arbeitsstelle, so wird sie der Gruppe der Muslime und/oder Migranten zugeschrieben. In dieser Logik wird spekuliert, ob die kulturelle oder/und religiöse Prägung jener Bewerber mögliche innerbetriebliche Konflikte erzeugen könnte. An dieser Stelle wäre ebenfalls von einer organisationellen Diskriminierung zu sprechen.[73]

Ein weiteres Merkmal der statistischen Diskriminierung ist, dass das Handeln vermeintlich empirisch gestützt sei. So ist es beispielsweise bekannt, dass Migrantinnen und Migranten im Durchschnitt schlechtere Bildungsabschlüsse machen, weshalb es dazu kommt, dass Personen trotz vorgewiesener Referenzen, nicht eingestellt werden. Insbesondere in Systemen und Strukturen, die bereits hohe Selektionskriterien aufweisen, entfalten solche negativen Vorannahmen hinsichtlich einer Gruppe ihre Wirkung. Dies hat dann konkrete Auswirkungen auf die einzelne Person, was in der Forschung auch unter gesellschaftsstrukturelle Diskriminierung subsumiert wird.[74]

Diese Betrachtungen von Diskriminierung täuschen in ihrer analytischen Klarheit jedoch darüber hinweg, dass Diskriminierung nicht nur ein bewusster Prozess ist. Die beschriebenen Mechanismen der Diskriminierung müssen nicht bewusst durchdacht oder verbalisiert werden, damit sie diskriminierend wirken.[75] Ein Perspektivwechsel hin zu der wahrgenommenen Diskriminierung Betroffener zeigt, warum dies der Fall ist.

---

72 Vgl. Phelps 1972, El-Mafaalani/Waleciak/Weitzel 2017: 188.
73 Vgl. Scherr 2016: 6.
74 Vgl. Scherr 2016: 6.
75 Vgl. Scherr 2016: 4.

In den Sozialwissenschaften gibt es das Konzept der wahrgenommenen Diskriminierung. Es geht somit nicht nur darum, ob jemand (un-) bewusst diskriminiert, sondern ebenso zentral ist es zu verstehen, ob sich jemand durch eine »als *illegitim* wahrgenommene Ungleichbehandlung«[76] diskriminiert fühlt. Diese wahrgenommene Diskriminierung kann dazu führen, dass das Gruppenzugehörigkeitsgefühl der konkret benachteiligten Minoritäten stärker wird. Damit geht die emotionale Abkehr von der Gesellschaft einher. Gleichsam haben auf der subjektiven Ebene wahrgenommene Stigmata konkrete negative Konsequenzen auf die Leistungsfähigkeit und somit auf das Wohlbefinden von Menschen.[77]

Ein gutes Beispiel hierfür ist die Möglichkeit zur doppelten Staatsbürgerschaft. Während Jugendliche mit einem türkischen Pass spätestens mit ihrem 21. Geburtstag die Wahl zwischen Deutschland und der Türkei treffen müssen, ist dies für US-Amerikanerinnen und US-Amerikaner nicht der Fall.[78] Diese Ungleichbehandlung ist unserer Auffassung nach zwar nicht als diskriminierend durch den deutschen Staat intendiert und liegt auch nicht ausschließlich in seiner Handlungsmacht, fühlt sich aber für die ungleich Behandelten dennoch als abwertende Ungleichbehandlung an, die ihnen die Möglichkeit einer pluralen Identität nimmt.

Wahrgenommene Diskriminierung muss daher nicht zwangsläufig mit der Intention des Diskriminierenden übereinstimmen. Um Diskriminierung in Gesellschaften zu verstehen, muss jedoch auch der Blick für wahrgenommene Diskriminierung geschärft werden. Es ist somit zentral, die Betroffenen von Diskriminierung zu Wort kommen zu lassen.[79] Ansonsten sind der Blick und das Verständnis von Diskriminierung unvollständig.

Neben einem Ausschluss aus gesellschaftlichen Systemen wie dem Arbeits- oder Wohnungsmarkt werden durch Diskriminierung auch Narrative der Andersartigkeit und des Nichtdazugehörens erzeugt. Es entsteht somit ein generelles Gefühl des Ausschlusses, das nicht in einzelnen Systemen verhaftet bleibt. Gleichzeitig können auch konkrete ökonomische Nachteile erzeugt werden, die wiederum soziale und öko-

---

76   El-Mafaalani/Waleciak/Weitzel 2017: 180.
77   Vgl. El-Mafaalani/Waleciak/Weitzel 2017: 177.
78   Vgl. Bundesministerium des Innern, für Bau und Heimat 2018.
79   Vgl. hierzu die aktuelle vielbeachtete #*metwo*-Debatte (vgl. etwa Spielhaus 2018).

nomische Ungleichheit produzieren.[80] Diskriminierung steht somit einer bedürfnisorientierten Gesellschaft im Wege. Der Schutz vor Diskriminierung muss daher zentraler Bestandteil einer vernünftigen Sozial- und Sicherheitspolitik sein.

4.6.3 Bestandsaufnahme zum Antidiskriminierungsrecht

Das deutsche Antidiskriminierungsrecht ist leider nicht so konzipiert, dass es strukturelle oder in der Breite existierende Diskriminierung verhindern oder gar abschaffen soll. Im Allgemeinen Gleichbehandlungsgesetz (AGG) äußert sich das beispielsweise durch diverse Ausnahmen und Einschränkungen, die den Diskriminierungsschutz mindern.[81] Außerdem zielt das AGG vielmehr darauf ab, dass Betroffene von der diskriminierenden Person oder Institution Unterlassung oder Entschädigung auf dem individuellen Klageweg verlangen. Entsprechend sind das deutsche Antidiskriminierungsrecht und die deutsche Antidiskriminierungspolitik durchgehend reaktiv (und nicht proaktiv) ausgestaltet und sehen insbesondere keine institutionelle Rechtsdurchsetzung (etwa durch Verbände) vor.[82] Das mag zum einen daran liegen, dass das deutsche Antidiskriminierungsrecht auf verschiedenen internationalen Abkommen und europäischen Vorgaben beruht und Ausdruck einer eher widerwilligen Umsetzung verschiedener europäischer Richtlinien ist, die in ihrer Gesamtheit zu einer Art Flickenteppich im Diskriminierungsschutz geführt haben. Eine europäische Gleichbehandlungsrichtlinie zu verabschieden, die die bestehenden Schutzlücken schließen würde, lehnt die deutsche Regierung bislang ab. Zudem ist zu verzeichnen, dass die deutschen Richterinnen und Richter zum großen Teil zurückhaltend bis konservativ im Umgang mit Diskriminierungsklagen sind.[83] Daher muss

---

80 Vgl. den Abschnitt »4.4 Soziale Ungleichheit«.

81 Vgl. hierzu im Detail Klose/Liebscher 2015: 32ff.

82 Vgl. den Abschnitt »4.7 Begriff und Konzept der Integration im Recht«.

83 Der *Migrant Integration Policy Index 2015* kommt denn auch zu einer ernüchternden Einschätzung: Nimmt Deutschland bei der MIPEX-Gesamtbewertung hinsichtlich seiner Integrationspolitiken noch den guten zehnten Platz ein, so landet seine Antidiskriminierungspolitik nur auf Rang 22. Offensichtlich herrscht hier im Gegensatz zu den klassischen Einwanderungsländern noch Nachholbedarf.

das Konzept der wahrgenommenen Diskriminierung Eingang auch in eine juristische Debatte und Rechtspraxis finden.

In Anbetracht der These, dass »alle Menschen frei und an Würde und Rechten gleich geboren« sind und damit der universalistische Anspruch eines gemeinsamen Menschenrechts für alle postuliert wird, ist zu fragen wie der unterschiedliche rechtliche Umgang mit ihnen zu begründen ist. So kommt beispielsweise Heiner Bielefeldt zu dem Schluss, dass das »Diskriminierungsverbot [...] nicht nur eine Norm neben anderen [ist], sondern darüber hinaus den Stellenwert eines Strukturprinzips für den Menschenrechtsansatz im Ganzen [hat]. Das heißt: Alle konkreten menschenrechtlichen Verbürgungen müssen nach dem Grundsatz der Nicht-Diskriminierung gewährleistet werden. Andernfalls wären diese Rechte keine Menschenrechte, sondern lediglich Privilegien.«[84]

Die rechtliche Praxis lässt diesen Schluss jedoch derzeit nicht zu. Die faktische Ungleichbehandlung ethnischer Minderheiten oder Diskriminierungen aus Gründen der »Rasse«– zum Beispiel durch unterschiedliche Möglichkeiten zum Zugang zu Arbeit, insbesondere im öffentlichen Dienst – verdeutlichen somit den Widerspruch, in den der Staat sich bringt, wenn es um das Leben von als »fremd« bezeichneten Menschen in Deutschland geht. Diesen Widerspruch gilt es aufzulösen.

Handlungsempfehlungen

▶ Etablierung von Vielfaltsberaterinnen und -beratern, die gesellschaftliche Teilsysteme (Schule, Stadtämter etc.) auf Formen von organisationeller und gesellschaftswirksamer Ausgrenzung untersuchen und Strukturen für mehr Chancengleichheit schaffen (Diversity-Management auf intersektioneller Basis);

▶ Ausbau der schulischen und außerschulischen politischen Bildungsarbeit zu den Themen Konfliktkompetenz, Empathie und Ambiguitätstoleranz;

▶ Einführung eines bayerischen Landesantidiskriminierungsgesetzes, das auch den Staat als potenziell diskriminierend in den Fokus rückt und proaktiv ausgestaltet ist;

---

84 Bielefeldt 2010: 23.

▶ landesrechtliche Organisation anonymisierter Bewerbungen auf dem Arbeits- und Wohnungsmarkt.

4.7 Begriff und Konzept der Integration im Recht

4.7.1 Die Identifizierung eines rechtlichen Regelungsbedarfs

Die Souveränität des Staates erlaubt ihm zu entscheiden, wer sich auf dem Territorium des Staates aufhält. Neben Staatsangehörigen sind dies auch Menschen, die eine andere oder gegebenenfalls keine Staatsangehörigkeit besitzen. Bezüglich Ausländerinnen und Ausländern hat sich ein komplexes System der Differenzierung in verschiedene Aufenthaltstitel entwickelt.

In den Anfängen der Bundesrepublik regelte die Asylverordnung von 1953 das Anerkennungsverfahren im Sinne der Genfer Flüchtlingskonvention. Mit der Gesetzesänderung wurden auch die Namen der Gesetze verändert: So wurde das Ausländergesetz 2005 zum Aufenthaltsgesetz. Die Asylverordnung wurde 1982 zum Asylverfahrensgesetz, welches seit 2015 Asylgesetz heißt.

Je mehr Zugewanderte über die Jahre nach Deutschland einreisten und je länger ihr Aufenthalt dauerte, desto häufiger wurde seitens der sogenannten Aufnahmegesellschaft die Forderung nach ihrer »Integration« erhoben. Diese Integrationsforderung hat in den letzten drei Jahren in Deutschland wie in ganz Europa auf der rechtlichen und politischen Agenda an Bedeutung gewonnen. Aufgrund der Tatsache, dass mittlerweile 23,6 Prozent der deutschen Bevölkerung einen sogenannten »Migrationshintergrund« aufweist[85] und Zielgruppe von rechtlich verankerten

---

85 Vgl. Statistisches Bundesamt 2018. – Zur Kritik am Begriff »Migrationshintergrund« vgl. Neue deutsche Medienmacher 2015: 11. Nach der Definition des Statistischen Bundesamtes zählen nämlich zu den Menschen mit Migrationshintergrund alle nach 1949 auf das heutige Gebiet der Bundesrepublik Deutschland Zugewanderten sowie alle in Deutschland geborenen Ausländerinnen und Ausländer und alle in Deutschland als Deutsche Geborenen mit zumindest einem zugewanderten oder als Ausländerin oder Ausländer in Deutschland geborenen Elternteil. Der Begriff bildet dabei Diskriminierungsrealitäten nur ungenügend ab, weil Diskriminierung erstens nicht alle Menschen mit statistisch erfasstem Migrationshintergrund trifft, weil zweitens auch Menschen von rassistischer Diskriminierung betroffen sind, die nicht der Definition entsprechen (zum Beispiel

(impliziten und expliziten) »Integrations«-Parametern wurde, halten wir die Untersuchung der rechtlichen Implementierung des Integrationsparadigmas für bedeutsam, obgleich – wie oben dargelegt – wir einen Paradigmenwechsel hinsichtlich des Begriffes der Integration vorschlagen.

a) Verfassungsrechtlicher Regelungsbedarf
Der Begriff der »Integration« galt in der Rechtswissenschaft bis zum Erlass des Zuwanderungsgesetzes als dogmatisch nicht einschlägig beziehungsweise wurde lediglich als Angleichung von Rechtspositionen verstanden.[86] Bis zu der Verabschiedung des Zuwanderungsgesetzes[87] wurde die Integration in die deutsche Gesellschaft nicht als gesetzliche Aufgabe, sondern vielmehr als gesellschaftliche und individuelle Verantwortung betrachtet.[88] Erst durch das Inkrafttreten des Aufenthaltsgesetzes am 1. Januar 2005 verwandelte sich die Integrationsförderung in eine Staatsaufgabe. Auf welcher rechtlichen Grundlage kann sich integrationsaffirmatives Staatshandeln entfalten?

Mit Blick auf einige Grundrechte kann das Grundgesetz im Kern als gar inklusionsfreundlich angesehen werden.[89] So lässt sich etwa der Rechtsprechung des Bundesverfassungsgerichts nach ein Grundrecht auf ein soziokulturelles Existenzminimum ableiten, das zugleich ein »Mindestmaß an Teilhabe am gesellschaftlichen Leben«[90] einschließt, welches deutschen und ausländischen Staatsangehörigen zusteht, die sich in der Bundesrepublik aufhalten. Diese Normen adressieren jedoch zunächst nur den Staat, Artikel 1 Absatz 3 GG, stellen also in erster Linie Abwehrrechte gegen den Staat und nur in sehr eingeschränktem Maße

---

Afrodeutsche und Juden), und weil er drittens nicht mit den Kategorien des internationalen, deutschen und europäischen Antidiskriminierungsrechts übereinstimmt. Vgl. zur Kritik insbesondere Klose/Liebscher 2015: 17.

86 Vgl. Thym 2016: 296.

87 »Gesetz zur Steuerung und Begrenzung der Zuwanderung und zur Regelung des Aufenthalts und der Integration von Unionsbürgern und Ausländern«, vom 30. Juli 2004 (Bundesgesetzblatt I: 1950).

88 Vgl. Eichenhofer 2013: 51.

89 So insbesondere Artikel 2 Absatz 1 GG, Artikel 2 Absatz 1 in Verbindung mit Artikel 1 Absatz 1 GG, Artikel 3 GG sowie Artikel 1 Absatz 1 GG in Verbindung mit dem Sozialstaatsprinzip des Artikel 20 Absatz 1, Artikel 28 Absatz 1 GG. Vgl. Eichenhofer/ Dilmaghani 2016: 5.

90 BverfG, Urteil des Ersten Senats vom 9. Februar 2010 (1 BvL 1/09, Rn. 90).

eine Verpflichtung des Staates zu positiven Maßnahmen dar.[91] Aus den Staatsstrukturprinzipien wie dem Demokratieprinzip (Artikel 20 Absatz 1 GG) und dem Rechtsstaatsprinzip (Artikel 20 Absatz 3 GG), ebenso dem Sozialstaatsprinzip nach Artikel 20 Absatz 1, 28 Absatz 1 GG jedenfalls kann nur schwerlich ein umfassendes Teilhaberecht von Migrantinnen und Migranten als Bestandteil eines Inklusionsprozesses abgeleitet werden.

Verfassungsrechtlich schwierig zu beantworten ist demnach die Frage, inwieweit die Verfassung eben nicht nur die Abwehr von Diskriminierung gegen Menschen aus Einwandererfamilien gewährleistet, sondern proaktiv deren Gleichstellung fördert. Folglich ergibt sich die Frage, warum nur die Gleichstellung der Geschlechter nach Artikel 3 Absatz 2 Satz 2 GG »tatsächlich« umgesetzt werden soll, es also gegen manche Formen der Diskriminierung genaue Regelungen gibt, gegen andere jedoch nicht.[92]

b) Einfachgesetzlicher Regelungsbedarf
Von besonderer Bedeutung ist hier der Bereich des Arbeitsrechts. So ist Arbeit als zentraler Bestandteil menschlichen Alltags zentral für einen wechselseitigen Inklusionsprozess. Das Allgemeine Gleichbehandlungsgesetz (AGG) stellt dabei die zentrale gesetzliche Grundlage für den Diskriminierungsschutz im Arbeitsleben dar. Für die Inklusion ausländischer Arbeitnehmerinnen und Arbeitnehmer sind dabei die verbotenen Differenzierungsmerkmale der »Rasse«[93], der ethnischen Herkunft sowie der Religion. Daher verbietet das AGG Benachteiligungen aus einem der in § 1 genannten Gründe im Arbeitsrecht (§§ 6 bis 18, § 24) und im all-

---

91 Vgl. dazu sowie zur »mittelbaren Drittwirkung« von Grundrechten etwa Kingreen/ Poscher 2017: Rn. 76ff.

92 Vgl. Baer 2013: 3145. Der Schutz vor Diskriminierung beim Zugang zu einem öffentlichen Amt ist in Artikel 33 Absatz 1, Absatz 2 und Absatz 3 Satz 2 GG geschützt, der insoweit *lex specialis* zu Artikel 3 Absatz 3 GG ist.

93 Vgl. §§ 1, 7 Absatz 1 AGG. In Rechtstexten wird immer noch problematischerweise der Begriff »Rasse« verwendet. Er wird hier in Anführungszeichen gesetzt, um zum Ausdruck zu bringen, dass die Verfasserinnen und Verfasser sich von der Vorstellung unterschiedlicher menschlicher Rassen distanzieren möchten. In diesem Zusammenhang ist darauf hinzuweisen, dass in jüngerer Zeit vorgeschlagen wurde, das – auch im Allgemeinen Gleichbehandlungsgesetz (AGG) vom 14. August 2006 (Bundesgesetzblatt I: 1897, 1910) – verwendete Merkmal der »Rasse« durch »rassistische Zuschreibung« oder »rassistische Diskriminierung« zu ersetzen (vgl. etwa Berghahn/Klapp/Tischbirek 2016: 38ff.).

gemeinen Zivilrechtsverkehr (§§ 19 bis 21 AGG), das heißt etwa bei der Einstellung, bei Beschäftigungs- und Arbeitsbedingungen, bei Sozialleistungen, bei der Bildung oder bei öffentlichen Dienstleistungen. Zugleich erlaubt es nach § 5 sogenannte positive Maßnahmen, das heißt eine Bevorzugung bestimmter Personen(gruppen). Es ist allerdings fraglich, ob dieser individualrechtliche Ansatz ausreicht, um mehr tatsächliche Gleichstellung zu erzielen.[94]

Auch in den übrigen einfachgesetzlichen Vorschriften gibt es kaum ein Gesetz, das sich ausdrücklich die Integration und Teilhabe von Menschen aus Einwandererfamilien zum Ziel setzt.[95] Das im August 2016 in Kraft getretene Integrationsgesetz kann deshalb nicht ausreichend sein, weil es eine rein sektorale Teilregelung darstellt, die zuvorderst Rechtsregeln mit Sanktionsdrohungen enthält.[96]

Handlungsempfehlungen

▶ Eine wichtige mögliche Konkretisierung einer gesetzlichen und proaktiven Förderung von Inklusion stellt – wie bereits von Migrantenorgansationen gefordert – die Aufnahme eines neuen Staatsziels »Vielfalt, Teilhabe und Integration« in das Grundgesetz dar.[97] Wenn man hierbei »Integration« noch durch »Inklusion« ersetzt, könnte ein Artikel 20b GG wie folgt lauten: »Die Bundesrepublik Deutschland ist ein vielfältiges Einwanderungsland. Sie fördert die gleichberechtigte Teilhabe, Chancengerechtigkeit und Inklusion aller Menschen.« Ein Staatsziel »gleichberechtigte Teilhabe, Chancengerechtigkeit und Inklusion« unterstützt die Anerkennung der Entwicklung der Bundesrepublik hin zur Einwanderungsgesellschaft. Aufgrund der Verbindlichkeit von Staats-

---

94 Vgl. den Abschnitt »4.6 Schutz vor Diskriminierung«.

95 Einzig das Aufenthaltsgesetz käme hier in Betracht, das ausdrücklich den Begriff »Integration« verwendet. Der Begriff wird im Aufenthaltsgesetz indes an keiner Stelle definiert und erst recht nicht als beidseitiges Zusammenspiel von Einwanderern und Aufnahmegesellschaft verstanden. Hierzu ausführlich auch Eichenhofer 2013: 23 ff.

96 Vgl. Eichenhofer 2013.

97 Die Forderung wurde der Bundesregierung im Herbst 2016 von einem Zusammenschluss von 50 Migrantenorganisationen in einem Impulspapier übergeben. Vgl. DeutschPlus 2017.

zielen und der Tatsache, dass alle Staatsgewalten an sie gebunden sind, kann der Gedanke von Vielfalt in alle staatlichen Institutionen hineingetragen und zugleich gesetzlich abgesichert werden. Die Forderungen nach einem neuen Staatsziel »Inklusion und Vielfalt« eint dabei insbesondere, dass sie eine fehlende positive Regelung zur gleichberechtigten Teilhabe von Migrantinnen und Migranten, wie es beispielsweise Artikel 3 Absatz 2 Satz 2 GG für die Durchsetzung der Gleichberechtigung von Männern und Frauen vorsieht, zur Grundlage ihrer Änderungsansätze machen. Eine positive Regelung in Form einer »Affirmative Action«[98] für Migrantinnen und Migranten könne, so der Vorschlag, über das bloße Verbot der Diskriminierung aufgrund Abstammung oder aus Gründen der »Rasse« (Artikel 3 Absatz 2 Satz 2 GG) hinaus ein Recht auf Teilhabe und folglich Inklusion statuieren.

▶ Das Ziel »Vielfalt, Teilhabe und Inklusion« sollte ebenfalls in die bayerischen integrationspolitischen Regelungen aufgenommen werden, zum Beispiel in die Bayerische Verfassung oder in das Bayerische Integrationsgesetz, wobei dort anzuregen wäre, dieses (jedenfalls auch) in »Partizipationsgesetz« umzubenennen, wie bereits in anderen Bundesländern geschehen.[99]

4.8 Die Arbeit der Behörden in der bayerischen Einwanderungsgesellschaft

Zentrale Aufgabe eines Staatswesens ist die Verwaltung von Angelegenheiten, die zwischen dem Staat und den in ihm lebenden Menschen bestehen. Die Verwaltungen sind in lokale oder regionale Einheiten gegliedert. Im Kontext von Inklusion sind Behörden zentrale Instanzen, da soziale und ökonomische Teilhabemöglichkeiten von behördlicher Seite gewährt oder versagt werden können. Ihre Aufgabe ist es, geltendes Recht umzusetzen.

Die wichtigsten migrationsrechtlichen Vorschriften, um die es in vorliegender Ideensammlung geht, sind auf EU-Ebene – mit Vorrang vor dem

---

98 Sogenannte »positive Ungleichbehandlung«.

99 Vgl. den Abschnitt »4.8 Die Arbeit der Behörden«.

nationalen Recht – die Dublin-III-Verordnung, auf einfachrechtlicher
Bundesebene das Aufenthaltsgesetz, das Asylgesetz und das Staatsange-
hörigkeitsgesetz. Bundesverordnungen, nachrangig zu Bundesgesetzen,
sind die Aufenthaltsverordnung, die Beschäftigungsverordnung und die
Integrationskursverordnung. Auslegungshilfen bilden dabei Bundes- und
Landesverwaltungsvorschriften, zum Beispiel Verfahrenshinweise der
Ausländerbehörden. Bereits an dieser Auflistung wird deutlich, dass es
sich beim deutschen Migrationsrecht um einen Flickenteppich handelt,
der zudem immer wieder punktuell an aktuelle politische Entwicklungen
angepasst wird, zum Beispiel durch die Asylpakete I und II sowie durch
das Integrationsgesetz (Bund). Die zentralen Vorschriften im Aufenthaltsgesetz räumen den Behörden in der Regel einen Ermessensspielraum
ein.[100] Deshalb ist es bei derzeitiger Gesetzeslage schwierig, den grund-
gesetzlich verankerten Anspruch auf Rechtssicherheit zu gewährleisten.
Viele Maßstäbe werden aus der Verwaltungspraxis heraus entwickelt.

Ermessensentscheidungen sind jedoch keine willkürlichen Entscheidungen. Sie müssen im Sinne rechtlich verankerter, in Verwaltungsvorschriften vorgegebener oder der durch ministerielle Weisungen bestimmten Kriterien getroffen werden. Je komplexer ein Sachverhalt, desto eher
kann es dabei zu Fehlentscheidungen kommen. Wenn dies zu Ungunsten
der Klientel geschieht, kann dies desintegrative Wirkung entfalten, die
für eine konkrete Lebenssituation höchst problematisch sein kann. Eine
Möglichkeit, solchen Fehlentscheidungen entgegenzuwirken, ist eine in
den Behörden verankerte Innenrevision durch externe Prüferinnen und
Prüfer.[101] Alternativ dazu könnten unabhängige Beratungsstellen, die für
Sozialleistungsbezieherinnen und -bezieher (Asylbewerberleistungsge-
setz, Sozialgesetzbuch XII und II, Arbeitslosengeld I) kostenlose Rechtsberatung und Rechtsbeihilfe anbieten, dazu beitragen, dass auch weiterhin der hohe Standard der Rechtsstaatlichkeit gewährleistet bleibt. Nicht

---

100 »Ermessen« ist ein rechtswissenschaftlicher Terminus technicus. Er räumt einem
behördlichen Entscheidungsträger gewisse Freiheiten bei der Rechtsanwendung ein.
Enthält eine Rechtsnorm auf der Rechtsfolgenseite ein Ermessen, so trifft die Behörde
keine gebundene Entscheidung, sie kann vielmehr unter mehreren möglichen Entscheidungen wählen.

101 Vgl. Freie Hansestadt Bremen 2017: § 104a (Rechtsstellung und Aufgaben der Innenrevision).

zuletzt würden dadurch auch weniger Klagen gegen Behörden geführt, was Kosten spart und die Sozial- und Verwaltungsgerichte entlastet. Insbesondere auch unter der Berücksichtigung der unterschiedlichen Ausrichtungen der Integrationspolitik in den einzelnen Bundesländern, führen diese ermessenseinräumenden Vorschriften aus dem Migrationsrecht zu großen Unterschieden in der Rechtsumsetzung. Migrantinnen und Migranten haben beispielsweise wenig Möglichkeiten, ihr Wohngebiet im Bundesland frei auszuwählen. Asylantragstellende werden anhand des »Königsteiner Schlüssels« über das Bundesgebiet verteilt und unterliegen oftmals einer Wohnsitzauflage und teilweise einer räumlichen Beschränkung. Folglich ist es dem Zufall geschuldet, wenn Migrantinnen und Migranten in einem Bundesland unterkommen, wo eine repressivere Migrations-/Integrationspraxis verwaltet wird

Ein Blick in die Norm zu den allgemeinen Erteilungsvoraussetzungen eines Aufenthaltstitels, § 5 Aufenthaltsgesetz, verrät darüber hinaus, wie umfangreich die Anforderungen an eine Aufenthaltserlaubnis grundsätzlich sind. Da ist die Rede von gesichertem Lebensunterhalt, geklärter Identität, Erfüllung der Passpflicht, kein Ausweisungsgrund (insbesondere Straftaten) und keine Beeinträchtigung öffentlicher Interessen. Wann ein Lebensunterhalt gesichert ist, wird beispielsweise für Laien versteckt in den Verfahrenshinweisen der Ausländerbehörden angeführt, ist also für Rechtsanwenderinnen und -anwender erstmal nicht ersichtlich. Dass die Erfüllung der Passpflicht für Menschen, die geflüchtet sind und oftmals ihre Papiere im Zuge der Flucht verkauft oder verloren haben, oder aus Herkunftsländern stammen, in welchen Ausweise gar nicht in einer Form wie sie hier üblich ist, ausgestellt werden (beispielsweise Afghanistan), eine geradezu unüberwindbare Hürde darstellt, wird in der Verwaltungspraxis nur unzureichend berücksichtigt. Dies hat zur Folge, dass manche Betroffene diese Urkunden für hohe Summen fälschen lassen, um dem »westlichen« Anspruch an Identitätsklärung gerecht zu werden.

In Bayern werden ermessenseinräumende Vorschriften aus dem Aufenthaltsgesetz unter anderem im Lichte des Bayerischen Integrationsgesetzes ausgelegt. Das Aufenthaltsgesetz macht an verschiedenen Stellen die Erteilung eines Aufenthaltstitels von gelungener »Integration« abhängig.[102] Auch einer abhängigen Beschäftigung dürfen Ausländerinnen und

---

102 Vgl. etwa § 104 Absatz 4 Satz 1 Aufenthaltsgesetz.

Ausländer nur nachgehen, wenn es »integrationspolitisch verantwortbar« wäre.[103] Mit dem Aufenthaltsgesetz ist der Begriff der »Integration« also zu einem Rechtsbegriff geworden, der für die Rechte der Ausländerinnen und Ausländer von entscheidender Bedeutung ist, ohne indes genauer definiert zu sein.[104] Das Bayerische Integrationsgesetz hingegen hat sich zum Ziel gesetzt, »aufgenommenen« Menschen für die Zeit ihres Aufenthalts[105] Hilfe und Unterstützung anzubieten, um ihnen das Leben in dem ihnen zunächst fremden und unbekannten Land zu erleichtern (Integrationsförderung), sie aber zugleich auf die im Rahmen ihres Gast- und Aufenthaltsstatus unabdingbare Achtung der vermeintlichen »Leitkultur« zu verpflichten und dazu eigene Integrationsanstrengungen abzuverlangen (Integrationspflicht).[106]

Die Arbeit von Behörden ist aber nicht nur von Rechtsanwendung und Rechtsauslegung geprägt. Die Interaktion zwischen Behördenmitarbeiterinnen und -mitarbeitern sowie Menschen, die eine behördliche Dienstleistung in Anspruch nehmen oder nehmen müssen, erfordert auch soziale Kompetenzen auf beiden Seiten.

Die Sozialgesetzgebung und die Allgemeine Geschäftsordnung für die Behörden des Freistaates Bayern verpflichten Behörden zwar, Antragstellerinnen und Antragsteller bei der Abgabe von Sozialleistungsanträgen weitgehend zu unterstützen.[107] In der Praxis aber haben viele Menschen (nicht nur Migrantinnen und Migranten) Schwierigkeiten beim vollständigen Ausfüllen der notwendigen Formulare. Zudem werden Bescheide häufig nicht vollumfänglich verstanden. Viele Sachbearbeiterinnen und Sachbearbeiter unterstützen ihre Klientel bestmöglich und erreichen ein gegenseitiges Verständnis über einen Sachverhalt. Um den Ansprüchen der Allgemeinen Geschäftsordnung für die Behörden des Freistaates Bayern gerecht zu werden, sollten in den Behörden Ansprechpartnerinnen und Ansprechpartner auch mit Fremdsprachenkenntnissen vorhanden sein, die beim Ausfüllen der Formulare behilflich sind.

---

103 Vgl. § 39 Absatz 2 Satz 1 Nummer 2 Aufenthaltsgesetz.

104 Vgl. den Abschnitt »4.7 Begriff und Konzept der Integration im Recht«.

105 Bereits hier stellt sich aufgrund der Wortwahl (»Für die Zeit ihres Aufenthalts«) die Frage, ob und wenn ja warum die Gesetzgebung an dieser Stelle von einer baldigen Rückkehr der Migrantinnen und Migranten ausgeht.

106 Vgl. § 1 Bayerisches Integrationsgesetz (Bayerischer Landtag, Drucksache 17/14707).

107 Vgl. § 4 Absatz 2 und § 19 AGO.

Neben der Sprache ist der respektvolle Umgang mit der Klientel eine entscheidende Voraussetzung für gegenseitiges Verständnis, reibungslose Verwaltungsabläufe und eine effiziente Verwaltungspraxis. Die Angestellten in den Behörden sind ein Querschnitt der Bevölkerung. Somit ist zu erwarten, dass neben offenen und wohlgesonnenen Mitarbeitenden auch solche mit Vorurteilen und Ressentiments ihrer Klientel gegenübertreten. Deshalb muss angenommen werden, dass auch konfliktträchtige oder diskriminierende Situationen in Gesprächen zwischen Sachbearbeiter und Kunde entstehen. Dies bestätigen Erfahrungsberichte sowohl von Praktikerinnen und Praktikern aus der Verwaltung als auch von Kundinnen und Kunden.[108] Eine Sensibilisierung für Diversität würde daher nicht nur migrationsspezifisch, sondern ganz allgemein ein umfassenderes Verständnis von den individuellen Belangen der Klientel fördern.

Handlungsempfehlungen

▶ Verankerung einer Innenrevision durch externe Prüferinnen und Prüfer: Vorbild für eine umfassende Innenrevision kann § 104a über die Rechtsstellung und Aufgaben der Innenrevision der Haushaltsordnung der Freien Hansestadt Bremen sein. Diese geht über die reine Korruptionsbekämpfung wie sie in den bayerischen Verwaltungsvorschriften vorgesehen ist, weit hinaus. In Bremen geht es insbesondere – und dies wäre unser Anliegen – um die »Untersuchung der Recht- und der Ordnungsmäßigkeit, der Zweckmäßigkeit und der Wirtschaftlichkeit des Verwaltungshandelns«.[109] Die externen Prüferinnen und Prüfer würden im vorliegenden Kontext idealerweise aus vier Bereichen kommen: erstens aus der Verwaltung selbst (beispielsweise Behördenvertreter), zweitens aus dem Ausländer- beziehungsweise Sozialrecht (beispielsweise Anwälte), drittens aus zivilgesellschaftlichen Organisationen (beispielsweise Vertreterinnen des Bayerischen Flüchtlingsrats) und viertens aus den Sozialen Diensten (beispielsweise Sozialarbeiterinnen von Beratungsstellen). Alternativ: Unabhängige Beratungsstellen zur kostenlosen Rechtsberatung und Rechtsbeihilfe von Sozialleis-

---

108 Vgl. Brussig/Frings/Kirsch 2017.
109 Vgl. Freie Hansestadt Bremen 2017: § 104a.

tungsempfängerinnen und -empfängern. Diese könnten bei Trägern der Sozialen Dienste angesiedelt werden, weil dort bereits Know-how vorhanden ist, welches durch juristisch ausgebildetes Personal ergänzt werden könnte.

▶ Das vom Europäischen Sozialfonds (ESF) und vom Bundesministerium für Arbeit und Soziales (BMAS) finanzierte Bundesprogramm Integration durch Qualifizierung (IQ) bietet auch in Bayern im Landesnetzwerk MigraNet Trainingsangebote für Verwaltungen zur Diversitätssensibilisierung und Antidiskriminierung an.[110] Eine solche Fortbildung sollte für alle Mitarbeitenden der Verwaltungen verpflichtend sein, da die Trainings zur Selbstreflexion anregen und somit helfen, die Alltagspraxis für alle Beteiligten zu bereichern und zu erleichtern. Um möglichst flächendeckend Trainings zu organisieren, könnte in Kooperation mit dem Landesnetzwerk MigraNet ein gemeinsames Schreiben mit einer entsprechenden Empfehlung von Sozialministerium und Innenministerium an die Sozial- und Ausländerbehörden sowie in zusätzlicher Kooperation mit der Bundesagentur für Arbeit an die Arbeitsverwaltungen ausgegeben werden.

▶ Standardisierung von Sprachniveaus durch Behörden;

▶ Einführung eines Einwanderungsgesetzes zur einheitlichen Regelung des Migrationsrechts;

▶ Konkretisierung und Verbindlichkeit durch Leitlinien, Monitoring und Evaluation;

▶ Festschreibung eines teilhabeorientierten Inklusionsverständnisses; zum einen durch die Ausweisung von gesonderten Regelungen und Programmen für hilfsbedürftige Neuzuwanderer wie Geflüchtete, zum anderen durch Einführung von Maßnahmen zur Teilhabe in den Bereichen Erziehung, Bildung, Ausbildung, Arbeitsmarkt, Recht, Soziales und politische Partizipation. Diese richten sich an Menschen mit Migrationshintergrund, aber auch an die Gesamtgesellschaft.

---

110 Vgl. MigraNet 2018b.

4.9 Unterstützung der Kommunen

Inklusion findet vor Ort statt. Hierbei handelt es sich nicht um eine Phrase, vielmehr kommt in Deutschland den Kommunen bei der Organisation und Bewältigung von Inklusionsaufgaben eine zentrale Rolle zu. Zwar entziehen sich zentrale inklusionsrelevante Bereiche wie Bildung und aufenthaltsrechtliche Bestimmungen der kommunalen Politik. Auch verpflichtet der Subsidiaritätsgrundsatz die Kommunen, in bestimmten Bereichen Aufgaben (etwa vorschulische Betreuungsangebote, Sozial- und Familienberatung oder Jugendhilfe) an freie Träger zu übertragen.[111] Möglichkeiten der Gestaltung gibt es hingegen bei der kommunalen Daseinsfürsorge und der Ausgestaltung von Aufgabenzuweisungen und Rahmensetzungen. Den größten Spielraum haben Kommunen im Bereich der freiwilligen Selbstverwaltungsaufgaben. Dazu zählen beispielsweise die Förderung von Beratungsangeboten, das Angebot zusätzlicher Sprachkurse sowie die Erstellung kommunaler Integrations- oder Inklusionskonzepte. Insgesamt geht es darum, in den Kommunen einen gesamtgesellschaftlichen Ansatz zu verfolgen, da vor Ort strukturelle Probleme wie Lehrkräfte-, Fachkräfte- und Wohnungsmangel sowie fehlende Anbindungen deutlich werden können. Auch diese können Inklusionserfolge beeinflussen.

In Bayern gibt es bereits Versuche, die Kommunen – bei gleichzeitiger chronischer Unterfinanzierung – projekt- und maßnahmenbezogen zu unterstützen, so unter anderem die Beratungs- und Integrationsrichtlinie vom 16. November 2017, das Projekt »Miteinander leben – Ehrenamt verbindet«. In der Ausgestaltung kommunaler Inklusionspolitik stellen befristete Projektförderungen zum einen wichtige Impulsgeber dar, jedoch wird die unsichere und kurzlebige Finanzierung immer wieder als Hürde für eine erfolgreiche Inklusionspolitik genannt.[112] Mit dem Auslaufen von Projekten entstehen oft nicht zu schließende Lücken bei wichtigen Angeboten. Des Weiteren stellen die vielfältigen und teilweise

---

111 Vgl. Schader Stiftung 2011.
112 So geäußert auf der Fachkonferenz »Integration in Städten und Gemeinden – Handlungsoptionen und Praxisbeispiele« am 13. Juli 2016 (vgl. Deutscher Städte- und Gemeindebund et al. 2016).

unübersichtlichen Angebote auch für den Aufbau von kontinuierlichen Arbeitsstrukturen ein Problem dar.[113]

Eine wichtige Erfolgsbedingung kommunaler Inklusionsarbeit ist ein produktives Zusammenspiel von Zivilgesellschaft, Politik und Verwaltung.[114] Dafür ist vor allem eine strategisch ausgerichtete Politik vonnöten. Eine Möglichkeit der Förderung kommunaler Integrations- beziehungsweise Inklusionsarbeit im Allgemeinen sind »Kommunale Integrationszentren« (KI). Nordrhein-Westfalen hat mit seinem Teilhabe- und Integrationsgesetz (TeilIntG) eine neue Förderrichtlinie für solche Kommunalen Integrationszentren aufgelegt. Um den für die Ideensammlung handlungsleitenden Inklusionsgedanken zu stützen, sollten Kommunale Integrationszentren als Inklusionszentren eingerichtet werden. Die Kommunalen Integrationszentren können in Landkreisen und Städten eingerichtet werden. Solche Zentren haben mehrere Vorteile für die kommunale Integrationsarbeit: Sie unterstützen die Koordination der lokalen Inklusionspolitik beziehungsweise deren Akteure wie Wohlfahrtsverbände, Migrantenselbstorganisationen, Verwaltung und Einrichtungen der Sozialen Arbeit, fördern die Erarbeitung von kommunalen Konzepten, Maßnahmen werden einheitlich umgesetzt, die Förderung langfristig abgesichert, Mittel besser allokiert und einer Projekteritis vorgebeugt.[115]

Erste Erfahrungen aus Nordrhein-Westfalen zeigen, dass durch die übergeordnete landesweite Koordinierungsstelle der Kommunalen Integrationszentren Erfahrungen und Bedürfnisse der Kommunen besser auf der Landesebene eingespeist werden, da Interessen gebündelt und einheitlich vertreten werden können. Die verbesserte Koordination durch den Verbundgedanken kann auch bei der Unterstützung von Begegnungsräumen durch mögliche landesweite Förderprogramme genutzt werden. In einer Begleitstudie hat sich gezeigt, dass es durch Kommunale Integrationszentren auch zu einer verbesserten Vernetzung lokaler Akteure gekommen ist. Außerdem können die Zielgruppen durch den Verbund Kommunaler Integrationszentren besser vertreten werden.[116]

---

113 Siehe auch Schader Stiftung 2011.
114 Vgl. Gesemann/Roth 2017: 39.
115 Vgl. Sachverständigenrat deutscher Stiftungen für Integration und Migration 2017.
116 Vgl. Ulusoy et al. 2016: 93.

Die kommunale Daseinsvorsorge bezieht sich auf Menschen im sozialen Nahraum. Um Inklusion – nicht nur von Migrantinnen und Migranten – zu fördern, werden immer wieder Begegnungszentren in Kommunen gefordert.[117] Begegnungsräume werden in unterschiedlicher Weise bereits in einigen Kommunen unterstützt. Kommunale Inklusionszentren könnten den Gemeinden helfen, Gelder für Begegnungsorte anzuwerben und diese aufzubauen. Zentral geht es dabei um die Etablierung von niedrigschwelligen Bildungsangeboten.[118] Diese müssen dauerhaft finanziell abgesichert und eine Mindestbesetzung muss gewährleistet werden.

Eine weitere Aufgabe ist die interkulturelle Qualifizierung von Personal in zentralen integrationsrelevanten Einrichtungen vor Ort. Dabei hat sich in Studien sowie durch den Austausch mit Praktikerinnen und Praktikern vor Ort immer wieder gezeigt, dass der Umgang mit der realen lokalen Vielfalt stark vom Engagement und den Einstellungen der für die Inklusionspolitik vor Ort zuständigen Akteuren abhängt.[119] Wie an anderer Stelle dargelegt[120], ist eine interkulturelle Förderung zur Bekämpfung von Ungleichbehandlung beispielsweise bei Jobcentern vonnöten. Auch hierfür braucht es eine finanzielle Förderung.

Eine mögliche Aufgabe der Kommunalen Inklusionszentren ist die Erarbeitung von kommunalen Inklusionskonzepten. Diese unterstützen die langfristige und strategische Ausrichtung der kommunalen Inklusionsarbeit. Ebenso verankern sie diese als Querschnittsaufgabe in der Verwaltung und sorgen für eine Aufwertung des Themas. Letztlich bündeln und vernetzen sie politische, administrative und zivilgesellschaftliche Akteure und Ressourcen und bieten die Grundlage für gesellschaftlichen Dialog und Kommunikation.

---

117 Vgl. den Abschnitt »5.6 Zukunft der Migrationsberatungsdienste«.

118 Dabei ist auch darauf zu achten, Begegnungsräume mit unterschiedlichen Raumgrößen für unterschiedliche, altersspezifische Angebote wie zum Beispiel Verbraucherbildung zu vermieten. Die Räume sollten allen Bürgerinnen und Bürgern zur Verfügung stehen.

119 Vgl. Gesemann/Roth 2017, Kommunale Gemeinschaftsstelle für Verwaltungsmanagement 2017.

120 Vgl. den Abschnitt »4.8 Die Arbeit der Behörden«.

Handlungsempfehlungen

Kurzfristig:

▶ Kommunen sind finanziell besser zu unterstützen und deren Inklusionsarbeit zu strukturieren.

▶ Lernräume in Gemeinschaftsunterkünften sind zu etablieren und zu finanzieren.

▶ Interkulturelles Training für Mitarbeiterinnen und Mitarbeiter von Jobcentern, Arbeitsämtern etc. sind zu forcieren.

Langfristig:

▶ In Abstimmung mit Landkreisen und kreisfreien Städten sind kommunale Inklusionszentren mit einer gemeinsamen landesweiten Koordinierungsstelle einzurichten. Diese sollten die Kommunen bei der Erstellung von kommunalen Inklusionskonzepten unterstützen.

▶ Begegnungszentren sind einzurichten.

▶ Abschaffung von Gemeinschaftsunterkünften sowie Förderung von dezentralen und kleinräumigen Einrichtungen, bei denen personelle Betreuung in Begegnungszentren sichergestellt wird. Damit zusammenhängend ist anzuraten, den kommunalen sozialen Wohnungsbau zu fördern, der nicht nur Migrantinnen und Migranten, sondern der gesamten Bevölkerung zugutekommt.

▶ Langfristige Finanzierung von Kommunen durch Förderrichtlinien sind festzuschreiben.

5. Inklusion im Handlungsfeld Gesellschaft und Soziales

5.1 Soziale Räume

Die Lebensführung von Menschen ist stets von ihrem Umfeld und den sozialen Räumen, in denen sie sich bewegen, bestimmt. Soziale Räume beziehen sich auf soziale Interaktion und werden meist auch durch territoriale Bezüge bestimmt.

Menschen, sowohl Migrierte als auch Nichtmigrierte, erleben die Auswirkungen globaler Entwicklungen direkt und indirekt in ihrem lokalen Nahraum und sind daher gleichermaßen davon betroffen. Im Sinne einer inklusiven Perspektive werden daher im Folgenden Migrierte und Nichtmigrierte zusammen in den Blick genommen, wenn es um die Bedeutung und Bearbeitung sozialer Räume geht. Die Vernetzung von lokalen und globalen Entwicklungen zeigt sich derzeit besonders an den weltweiten Migrationsbewegungen, deren Herausforderungen sowohl Migrierte als auch Nichtmigrierte beeinflussen. Der damit einhergehende öffentliche Diskurs und die gesellschaftlichen Wahrnehmungs- und Politisierungsprozesse können die alltägliche Lebensführung von Menschen bestimmen. Stichworte sind hier unter anderem Heimat, gefühlte Unsicherheit, aber auch Respekt, Willkommen, vitale Nachbarschaften. Ob tatsächlich Zugewanderte soziale Prozesse in kommunalen Nahräumen beeinflussen, ist eine eigene Frage und wird an anderer Stelle dieses Papiers bearbeitet.[1]

Politik hat die Aufgabe, sich mit den Alltagsherausforderungen der Menschen zu befassen und Rahmenbedingungen für gesellschaftlichen Zusammenhalt zu schaffen. Dabei hat sich die Einbeziehung der Menschen (in der kommunalen, Landes-, Bundes- oder auch Europapolitik) in die Entwicklung von Angeboten und Maßnahmen ebenso wie in deren Reflexion und Weiterentwicklung als demokratieförderlich erwiesen. Ein

---

1 Vgl. den Abschnitt »4.5 Demokratie und gesellschaftlicher Zusammenhalt«.

positives Beispiel kann in der Arbeit der Migrantenselbstorganisationen gesehen werden.

Deutlich wird, dass sich soziale Netzwerke, die sich beispielsweise mit Prozessen der Stadtentwicklung beschäftigen, vor der Herausforderung sehen, mit Andersheit sowie mangelndem Verstehen verschiedener Gruppen und Individuen umzugehen. Diese Erfahrungen wurden in den vergangenen Jahren offenkundig von manchen Menschen als Herausforderung, mitunter gar als Belastung oder Bedrohung bewertet.

Um daher langfristig den sozialen Zusammenhalt aufrechtzuerhalten und möglichst zu stärken, sind verschiedene Maßnahmen nötig, die solchen alltäglichen Erfahrungen von Fremdheit mit Antworten begegnen, die ermöglichen, Unterschiede zu akzeptieren, zu verstehen und im günstigen Fall zu einem für die Beteiligten akzeptablen Miteinander im sozialen Nahraum zu entwickeln. Dies bedeutet, in einem inklusiven Sinne Gleiches gleich und Ungleiches ungleich zu behandeln.

Handlungsempfehlungen

Sozialräumliche Arbeit:

- ▶ Förderung von Begegnungsmöglichkeiten in Gemeinden und Stadtteilen durch öffentliche Diskurse, Begegnungsstätten und Begegnungsinitiativen, die dabei nicht ethnisierend (»die Türken«, »die Spanier« etc.) oder kulturalistisch (»interkulturelle Feste« etc.) angelegt sind, sondern unabhängig von kulturellen Zuschreibungen Begegnung der verschiedenen Individuen und Gruppen ermöglichen;
- ▶ in den sozialräumlichen Initiativen ein Budget für Exkursionen bereitstellen (in Museen, für Ausflüge, gemeinsame Veranstaltungen etc.), um den Beteiligten die Kenntnisse der lokalen Gegebenheiten und ihre Vernetzung dort hinein zu ermöglichen;
- ▶ Unterstützung von Begegnungsstätten wie Schulen, Behörden und öffentliche Räume durch Infomaterial (auch in leichter Sprache, in verschiedenen Sprachen und im Modus persönlicher Ansprache von Schlüsselpersonen als Gatekeeper einzelner Communities), Fortbildungen, Gemeinwesenarbeiterinnen und -arbeiter;

▶ Ermöglichung von inklusiven Prozessen im sozialen Nahraum für Menschen in familiärer Sorgetätigkeit sowie von in ihren Interessen flexibel gestalteten Deutschkursen;[2]

▶ einzelne gemeinsame Unterrichtsstunden geflüchteter Kinder mit ihren Eltern in Regelklassen, um den Unterricht und die sozialen Bezüge der Kinder kennenzulernen und unterstützen zu können, in definiertem zeitlichem Umfang;

▶ keine räumliche Segregation von Migrierten und Nichtmigrierten zum Beispiel durch Unterbringung Letzterer mit schlechter infrastruktureller Anbindung in Städten und Gemeinden; zudem sollte diese räumliche Inklusion flankiert werden von den erwähnten Gemeinwesenarbeiterinnen und -arbeitern;

▶ Entwicklung lokaler Kulturen von Vielfalt und Präsenz – durch öffentliche Plätze und Flächen zur individuellen Nutzung;

▶ Förderung sozialräumlicher Initiativen durch Assistenz sozialpädagogischer Fachkräfte (unter anderem Streetwork in Ballungs- und in öffentlichen Räumen);

▶ Förderung und Unterstützung der interkulturellen Öffnung von lokal tätigen Vereinen und Verbänden – durch lokale Projektförderung sowie landesweite Veranstaltungen mit Öffentlichkeitswirkung;

▶ Öffnung von Orten, wie Gemeinschaftsunterkünfte und Wohnprojekte für die Nachbarschaft, zum Beispiel durch gemeinsame Nutzung von Aufenthaltsräumen.

Förderung landesweiter Raum- und Sozialplanung:

▶ Nachhaltige Raumplanungskonzepte auf Landesebene und kommunal- wie sozialpolitisch durchdachte Wohnungspolitik;

▶ Landessozial- und -jugendhilfeplanung in engem Dialog mit Vertreterinnen und Vertretern der Migrantenselbstorganisationen sowie der Wohlfahrtspflege;

▶ Projektförderung auf kommunaler Ebene mit sozialräumlich-inklusivem Ansatz (aktive Begegnungsmöglichkeiten schaffen im Dorfzentrum, im Stadtteil und anderes mehr);

---

2 Vgl. den Abschnitt »5.7 Inklusion immigrierter Mütter«.

▶ Förderung einer migrationssensiblen kommunalen Stadtentwick-
lungsplanung unter anderem unter Einbezug der gewählten Vertreterinnen und Vertreter der Migrantenorganisationen.

5.2 Öffentliche und mediale Diskurse

5.2.1 Die Bedeutung der Medien

Medien sind ein fundamentaler Bestandteil der Produktion von Wissen.
Wie wir die Welt sehen und wie wir sie bewerten, beruht – abgesehen von
unserem direkten Lebensumfeld – auf der Rezeption von Wissen durch
Medien. »Die Medien« sind allerdings kein einheitlicher Apparat, kein
kohärentes System, sondern ein weit ausdifferenziertes Informationsnetz.
Die Aushandlungsprozesse widersprüchlicher Weltanschauungen, Ideologien und Interpretationen von Menschen finden sich in der Medien-
welt wieder. Insbesondere das Internet hat dazu beigetragen, dass auch
Nischenthemen in Medien einen Resonanzraum finden. Medien sind Orte
öffentlicher Aushandlung von Bedeutungen und Realitäten. Dabei bewegt
sich die mediale Bearbeitung spezifischer Themen im Spannungsfeld von
Reproduktion und Transformation. Soll eine spezifische Botschaft in
den gesellschaftlichen Wissenskanon Eingang finden, muss sie vielfach
wiederholt werden (Reproduktion). Die Veränderung von Bedeutungen
und Deutungen der Realität benötigt hingegen Wege und Mittel, um neue
Ideen zu setzen (Transformation). Reproduktion und Transformation
sind somit Kernelemente von Public Relations (PR) und Marketing. Für
Politikerinnen und Politiker ist es daher zentral, sich dieser Instrumente
zu bedienen, um einerseits über politische Projekte zu informieren und
andererseits Wählerinnen und Wähler von diesen Projekten zu überzeu-
gen, also das eigene Handeln demokratisch zu legitimieren.

So geht es politischen Akteurinnen und Akteuren häufig um die Setzung von zugespitzten Positionen, die Aufmerksamkeit erzielen. Dies
gelingt besonders dann, wenn an bestehendes Wissen angeknüpft wird,
aber dennoch die Abgrenzung und das Neue daran sichtbar werden.
Parteien, Verbände, Lobbyorganisationen, Zivilgesellschaft – alle nutzen
Medien, um ihre Botschaften zu setzen, und versuchen sich oder ihre
Themen in Nachrichtenmedien zu platzieren. Die Logik der PR-Abtei-

lungen ergänzt sich dabei mit der Arbeitsweise der um Einschaltquoten und Abonnentinnen und Abonnenten konkurrierenden Medien. Während in der Regel nur das gesendet wird, was einen Abnehmer findet, sind PR-Abteilungen darauf angewiesen, Wissen derart zu platzieren, dass sie eine Nachfrage produzieren und einen Sendeplatz bekommen.

Daraus resultiert eine Notwendigkeit zur Zuspitzung und Übertreibung, zu Vereinfachung und Unterhaltung. In der Konsequenz popularisieren sich Mediendiskurse. Häufig bleiben nur wenige Räume für sachgerechte und ausführliche Berichterstattung. Mit Blick auf Nachrichtenmedien (in Internet, TV, Radio und Zeitung) zeigt sich, dass spezifische Themen nur temporär besondere Aufmerksamkeit erfahren. In der Diskursforschung spricht man von »Diskursereignissen«[3], die der mediale Diskurs aufgreift und vorübergehend fokussiert, bis andere Diskursereignisse wiederum an medialer Relevanz gewinnen.

5.2.2 Migration und Integration im medialen Diskurs

Das Thema »Integration« steht in deutschen Medien häufig ganz oben auf der Agenda. Es findet meist im Zusammenhang mit dem Thema »Migration« Eingang in den öffentlichen Diskurs. Ein Verständnis des Begriffs »Integration« wird in Medien vorausgesetzt und kaum kritisch reflektiert. Dadurch können politische Botschaften transportiert werden, die eine ganze Bandbreite von Bedeutungen beinhalten: von der Integration als geforderte Anpassungsleistung »der Anderen« an das vermeintlich »Eigene« bis hin zu gegenseitigen Annäherungen von »ihnen« und »uns«. Was jedoch in sämtlichen Vorstellungen von »Integration« mitschwingt, ist ebendiese Differenzierung in »Wir« und »die Anderen«. Was das »Wir« und was »die Anderen« als solche ausmachen, ist dann oft Gegenstand der medialen Berichterstattung. Allerdings handelt es sich bei diesen Konstruktionen immer um Pauschalisierungen und meist kulturalisierende Zuschreibungen – ganz gleich, mit welchen Eigenschaften man das »Wir« und »die Anderen« belegt. Diverse Medienanalysen haben festgestellt, dass »die Anderen«, also jene, die mit Migration in Verbindung gebracht werden, meist problem- und defizitorientiert betrachtet werden.[4]

---

3   Vgl. Jäger 2012.
4   Vgl. unter anderem Jäger/Jäger 1993, Bourdieu 1998, Müller 2005, Hall 2012, Goebel 2017.

Hintergrund defizit- und problemorientierter Betrachtungsweisen sind politische, soziale, rechtliche und ökonomische Aushandlungsprozesse, die Migration als Abweichung von einer Norm repräsentieren. Demnach sei Migration grundsätzlich eine potenzielle Bedrohung der nationalen Ordnung, weshalb es sie zu reglementieren und zu steuern gelte. Zudem reproduzieren Medien migrantische Identitäten, die mal national, mal ethnisch, kulturell oder religiös beschrieben werden und setzen sie in ein gegensätzliches Verhältnis zu einer »deutschen« Identität oder einer »bayerischen Leitkultur«. Damit werden individuelle Menschen, die stets komplexe Persönlichkeiten sind, auf nur ein vermeintliches Merkmal reduziert.

Oftmals diskutieren mediale Formate Migration mit Blick auf die Kosten und den Nutzen von Migrantinnen und Migranten für den hiesigen Arbeitsmarkt oder für die Gesellschaft im Hinblick auf den demografischen Wandel. Damit werden Menschen verdinglicht und als je nach Bedarf verwertbare Ressource oder abschiebbare Belastung betrachtet. Zudem suggeriert es ein vermeintlich gegensätzliches Interesse zwischen den Migrierten und dem deutschen Staat – nach dem Motto: »Die Anderen nehmen und kosten, wir müssen geben und bezahlen.« Legitim ist Migration in diesem Sinne nur, wenn sie einen ökonomischen Vorteil verspricht. Eine solche Perspektive widerspricht aber dem Verbot einer (zum Beispiel ökonomischen) Verzweckung des Menschen, die zu verhindern schon Kant als Garant eines menschenwürdigen Umgangs im Sozialwesen und Staat betrachtete.

5.2.3 Die Konsequenzen der Dominanz von Negativnarrativen

Die beschriebenen medialen Diskurse sind als »Negativnarrative«[5] zu verstehen, weil sie migrationsspezifische Kontexte stets defizitorientiert erörtern. Was fehlt, ist die Normalisierung von Migration. Heterogenität und Diversität in einer Gesellschaft verbieten es, Menschen nach ihrer vermeintlichen nationalen, ethnischen oder kulturellen Herkunft zu sortieren und gemäß gängiger Stereotypen zu beschreiben oder gar zu beurteilen. Stattdessen müssten die komplexen Persönlichkeiten jedes Einzelnen in den Vordergrund gerückt werden.

---

5   Vgl. Mecheril 2011.

Integration könnte dann auch nicht mehr als eine zu erbringende Leistung »der Anderen« verstanden werden. Stattdessen ginge es um gesellschaftliche Teilhabemöglichkeiten aller – also um eine inklusive Perspektive.[6]

Neben den beschriebenen medialen Repräsentationsformen gibt es selbstverständlich auch positive Beispiele, Integration nicht auf Migration zu beschränken oder Migrierte nicht auf ihr Migrant-Sein oder andere Differenzierungskategorien zu reduzieren. Das mediale Informationsnetz ist stark ausdifferenziert. Gleichwohl sind die beschriebenen negativen Narrative dominant, das heißt sie prägen überwiegend den medialen Blick auf Migration und Integration. Im Hinblick auf eine plurale Gesellschaft, in der unterschiedliche Menschen in diversen Lebensformen zusammenleben, sind die beschriebenen Mechanismen problematisch, da sie vehemente Spannungen, kollektive Diskriminierungserfahrungen und Exklusionsmuster erzeugen.

Handlungsempfehlungen

▶ Migrantinnen und Migranten sind in Medien und als Medienschaffende stark unterrepräsentiert. Um Migration in Medien zu normalisieren, bedarf es einer stärkeren Repräsentation von Migrierten als Medienschaffende und in Medien als selbstverständliche Subjekte der Berichterstattung.

▶ Medienarbeit muss auf sachgerechte Aussagen fokussieren und auf Populismus und Grenzüberschreitungen wie Diskriminierung und Rassismus/Kulturalismus verzichten. Wer in Medien auftritt, sollte sich gegebenenfalls fehlende Kenntnis eingestehen und anderen zugestehen.

▶ Politische Einflussnahme auf Medien – beispielsweise durch die Rundfunkräte oder Artikel 11 des Bayerischen Integrationsgesetzes[7] – ist zutiefst undemokratisch und muss unterlassen werden.

---

6 Vgl. den Abschnitt »1. Vorbemerkung: Von der Integration zur Inklusion«.

7 »Der Bayerische Rundfunk und die nach dem Bayerischen Mediengesetz an der Veranstaltung von Rundfunk Beteiligten unterstützen im Rahmen ihres Programmauftrags die Integration. Die Angebote in Rundfunk und Telemedien sollen einen Beitrag zur Vermittlung der deutschen Sprache und der Leitkultur leisten.« (Artikel 11 BayIntG).

▶ Medien bedürfen mehr eigener Recherche und weniger Rückgriff auf Agenturmeldungen und Pressemitteilungen (Finanzierung von mehr Redakteurinnen und Redakteuren im öffentlich-rechtlichen Rundfunk).

▶ Medien sollten mehr Redakteurinnen und Redakteure mit fachlicher Ausbildung einstellen und weniger mit rein journalistischer Ausbildung.

▶ Medien sollten häufiger jene Menschen als Expertinnen und Experten einbeziehen, die tatsächlich Erfahrungswissen oder Expertise haben beziehungsweise Betroffene der Berichterstattung sind.

▶ Kurzfristig gilt es von migrationsspezifischen Negativnarrativen abzuweichen und Migration zu normalisieren. Langfristig sollten Medien eine Verschiebung ihrer Kategorien vornehmen: Weg von der Fokussierung auf Migration und der Pauschalisierung kulturalistischer Differenzlinien und hin zur Beschreibung der Komplexität individueller Lebensrealitäten.

5.3 Religionen und Weltanschauungen – Spirituelle Inklusion in religiös-weltanschaulich pluralen Gesellschaften

Die Zuhilfenahme eines weiteren Titels für den Bundesinnenminister vergegenwärtigt ein Erstarken von Bedürfnissen, die »Heimat« ansprechen und dadurch kollektive Identität produzieren wollen. Insbesondere in Bayern wird der Begriff für großangelegte Projekte verwendet. Innerhalb bestehender (Jugend-)Projekte wird die Frage nach Heimat diskutiert. Obgleich diese Diskussion berechtigt sein kann, wäre festzustellen, dass diese Debatte nicht nützlich dafür sein wird, Gemeinschaftsbedürfnisse von Bürgerinnen und Bürgern in modernen Gesellschaften zu befriedigen. In gleichem Maße wie die Debatte um Heimat geführt wird, sollte auch danach gefragt werden, inwiefern die Bürgerinnen und Bürger mit dem zu modernen Gesellschaften zugehörigen Fremdheitserlebnis konstruktiv als Ressource umgehen können.[8] Es wäre zu fragen: Wenn die Gesamtgesellschaft ihrer Disposition nach keine geschlossene Gemeinschaft bilden kann, wie sind Gesellschaftsräume zu konstituieren?

---

8 Vgl. Nassehi 2010.

Diese Räume sind notwendig, damit Bürgerinnen und Bürger dem Bedürfnis nach »heimatlicher« Gemeinschaft nachgehen können. Das wiederum ist eine Voraussetzung dafür, dass sie bestimmte Formen von Fremdheit zu bestimmten Menschen überwinden und Angenommenheit erfahren. Gleichsam ermöglichen diese institutionellen Vergemeinschaftungen die Erfahrung, dass das einstige Fremdheitsgefühl aufgrund der wechselseitigen Annäherung und Annahme überwindbar ist. Jene Überwindung ist vonnöten, damit das bestehende Fremdheitserlebnis der modernen Gesellschaft nicht zu einer Entfremdung des Einzelnen von Gesellschaft per se führt. Denn jede Entfremdung bedeutet ebenfalls die Unterminierung kooperativer Handlungsbereitschaft gegenüber Mitbürgerinnen und Mitbürgern. Aus diesem Erfahrungswissen heraus finden sich Anknüpfungspunkte dafür, dass die Gesamtgesellschaft an sich auch als »Gemeinwohl für [noch] Fremde«[9] aufgefasst werden kann.

Im Folgenden wird das bisher Skizzierte für das Themenfeld Religionen und Weltanschauungen und die damit verbundenen umsetzbaren Handlungsempfehlungen dargestellt.

Das im Jahr 2016 herausgegebene Jahresgutachten des Sachverständigenrats deutscher Stiftungen für Integration und Migration (SVR) zeigte, inwiefern die religiöse Gleichstellung von Bürgerinnen und Bürgern gewährleistet wird, welche Aussagen hinsichtlich des Themenfeldes Religiosität zu treffen sind und welche integrative Rolle dabei Religion einnimmt.[10] Die Religion(en) sind nach Meinung der Autorinnen und Autoren von drei Transformationsprozessen geprägt: Säkularisierung, Individualisierung und Pluralisierung. Unter »Säkularisierung« verstehen sie, dass die institutionalisierten Strukturen, wie zum Beispiel die beiden großen christlichen Kirchen, an Bedeutung verlieren. Gleichzeitig gibt es das Phänomen »Glauben ohne Glaubenszugehörigkeit« (Believing without belonging).[11] Gemeint ist damit eine Form freier Glaubensausübung beziehungsweise Vergemeinschaftung ohne eine feste konfessionelle Institution. Diese Form des »Glaubens« wird unter dem Gesichtspunkt »Individualisierung« zusammengefasst. Jenes neue und

---

9 Nassehi 2010.

10 Vgl. Sachverständigenrat deutscher Stiftungen für Integration und Migration 2016.

11 Vgl. Davie 1994.

vielseitige Angebot an religiöser Lebensführung wird unter dem Stichwort der »Pluralisierung« subsumiert.[12]

In Anbetracht des gegenwärtigen und zukünftig stärker werdenden religiös und weltanschaulich pluralen Angebots, das Bürgerinnen und Bürgern die Möglichkeit bietet, an Vergemeinschaftungsprozessen teilzuhaben und dadurch Fremdheitserlebnisse zu überwinden, sollte auch die spirituelle Inklusion der Bürgerinnen und Bürger mitgedacht werden.

Spirituelle Inklusion besitzt indes zwei Ebenen. Die individuelle Ebene kommt dem Bedürfnis der Bürgerinnen und Bürger nach, sich in religiösen beziehungsweise weltanschaulichen Strukturen zu vergemeinschaften und sinnstiftende (religiöse beziehungsweise weltanschauliche) Argumente für eine rationale Politik zu formulieren, damit sich die jeweiligen Bürgerinnen und Bürger aktiv am »Gemeinwohl für [noch] Fremde« beteiligen können.

Die strukturell-rechtliche und damit zweite Ebene ermöglicht den religiösen beziehungsweise weltanschaulichen Organisationen, die sich bewusst positiv einbringen möchten und bisher nicht als Religionsgemeinschaft anerkannt sind, in religionspolitische Strukturen aufgenommen zu werden, ohne dass von ihnen eine Verkirchlichung erwartet wird.

Es ist aber festzustellen, dass für diese Vergemeinschaftungen die bisher existierenden religionspolitischen Strukturen eine kaum überwindbare Herausforderung bilden. Konkret bedeutet dies, dass durch die kleinteilige Beteiligung von Minderheitenstrukturen diese nicht die Möglichkeit haben werden, Anerkennungsbarrieren zu überwinden. Dadurch werden ihnen gesellschaftliche Anerkennung, Wirksamkeit im öffentlichen Raum und bestimmte staatliche Ressourcen verwehrt.[13] Aus diesem Grund »bedarf es strukturierter Kooperationsformen, die auch finanzielle Unterstützung beinhalten, soweit dies rechtlich möglich und im Einzelfall gesellschaftspolitisch wünschenswert ist.«[14]

Ansonsten hat es zur Konsequenz, dass eine nicht zu unterschätzende Anzahl an Bürgerinnen und Bürgern einzig aufgrund einer religiösen beziehungsweise weltanschaulichen Zugehörigkeit nicht die gleichbe-

---

12 Vgl. Sachverständigenrat deutscher Stiftungen für Integration und Migration 2016: 15–20, 88–91.

13 Vgl. Sachverständigenrat deutscher Stiftungen für Integration und Migration 2016: 15–20.

14 Vgl. Rohe/Jaraba 2018: 20.

rechtigte Mitsprache im öffentlichen Raum erhält und damit die gesellschaftlich-politische Inklusion nicht erfolgt. Doch bereits Böckenförde stellt fest, dass den zivilgesellschaftlichen Akteurinnen und Akteuren durch den säkularen Staat die Verantwortung übertragen wird, Gesellschaft mit zu regulieren. Gerade die positive Neutralität des säkularen Staates ermöglicht hier den Religionsgemeinschaften, sich im öffentlichen Raum einzubringen und positiv hineinzuwirken.[15]

Festzustellen wäre, dass in den öffentlichen Debatten, die sich um die Verhältnisbestimmung zwischen säkularem Staat und Religionsgemeinschaften (zumeist Kirchen) bemühen, allzu oft eine strikte Trennung als notwendig postuliert und verlangt wird. Diese Argumente, die oftmals von Vertreterinnen und Vertretern eines laizistischen Habitus geäußert werden, unterminieren jedoch, dass das Grundgesetz den anerkannten Körperschaften des öffentlichen Rechts und den Religionsgemeinschaften den Raum dafür eröffnet, um als Verantwortungsträgerin gemeinwohlorientiert in die Gesellschaft hineinzuwirken. Aus dieser gesetzlichen Grundlage heraus ist deswegen an eine Gleichbehandlung aller Vergemeinschaftungen zu denken und nicht das Grundgesetz zu laizisieren.

Dieses säkulare Modell trägt weiterhin das Potenzial in sich, rechtliche Ermöglichungsräume zu schaffen, damit Diskussionen um die strukturelle Aufstellung und die Verteilung von Ressourcen konstruktiv geführt werden. Dieser Schritt ist unabdingbar dafür, dass Minderheitenstrukturen befähigt werden, sich gesamtgesellschaftlich zu engagieren und dadurch im öffentlichen Raum Sichtbarkeit zu erlangen. Gleichermaßen befördert dieser Schritt, die Privilegierung einzelner Institutionen (Kirchen) aufzubrechen und dadurch die deutsche Einwanderungsgesellschaft als Vielfaltsgesellschaft auch rechtlich abzubilden. Den Kirchen und der Kleinteiligkeit von organisierten Vergemeinschaftungen wird zukünftig die Aufgabe zuteil, darzulegen, wie wirksam ihre demokratisierende und vergesellschaftende Rolle sein wird, um gewissermaßen einen Öffentlichkeitsauftrag für die Ihren und für das »Gemeinwohl für [noch] Fremde«einzunehmen.[16] Erst durch die Annahme dieser Rolle können religiöse und weltanschauliche Organisationen die strukturelle Voraussetzung dafür erhalten, gesellschaftliche Ziele, die von vielen Gruppen

---

15 Siehe dazu auch das berühmte Böckenförde-Diktum (Böckenförde 1976: 60).
16 Vgl. auch Cavuldak 2017: 40.

getragen werden sollen, mit der jeweils dafür notwendigen und plausiblen Ansprache in den entsprechenden Vergemeinschaftungsraum zu kommunizieren. Diese haben die Aufgabe inne, durch eine entsprechende sinnstiftende Motivationsgrundlage gemeinsame kooperative Handlungsoptionen zu produzieren.

Handlungsempfehlungen

▸ Die »Kleinteiligkeit« der Einwanderungsgesellschaft ist als strukturierte Kooperationsform mit einzubeziehen.

▸ Lokale Begegnungsräume sind zu etablieren, in denen religiös oder weltanschaulich organisierte Vergemeinschaftungen gemeinwohlorientiert in die kommunalen Handlungsfelder eingebunden werden. Damit wird eine Sichtbarkeit in gemeinschaftlichen Tätigkeitsfeldern ermöglicht. Diese neue Sichtbarkeit der Akteurinnen und Akteure bezweckt die Normalisierung des Miteinanders und den Abbau von Asymmetrien in der öffentlichen Wahrnehmung. Gleichsam lernen die Akteurinnen und Akteure interreligiös sprachfähig zu werden. Im Austausch über gemeinsame Handlungsfelder erlernen sie, dass Religionen und Weltanschauungen teils gesellschaftsmitgestaltende Wissenssysteme sind.

5.4 Arbeitsmarktzugang für Geflüchtete? Über das Verhältnis zwischen Arbeitsmarktpolitik und Innenpolitik

Erwerbsarbeit bestimmt in der hiesigen Gesellschaft maßgeblich die Teilhabe und den sozialen Status von Menschen. Umso dringender muss das Thema also dort in den Fokus gerückt werden, wo Menschen von der Möglichkeit, am Arbeitsleben teilzunehmen, abgehalten werden. Die Politiken des Arbeitsmarktzugangs für Geflüchtete changieren zwischen asylpolitischen Restriktionen und diversen Zugangsmöglichkeiten.

Im November 2014 wurde der Arbeitsmarktzugang für Asylbewerberinnen und Asylbewerber und für Geduldete vereinfacht.[17] Die Vor-

---

17 Vgl. »Gesetz zur Einstufung weiterer Staaten als sichere Herkunftsstaaten und zur Erleichterung des Arbeitsmarktzugangs für Asylbewerber und geduldete Ausländer«.

rangprüfung wurde weitgehend ausgesetzt. Bereits nach drei Monaten Aufenthalt in Deutschland konnten Personen mit diesem Aufenthaltsstatus arbeiten. Das Bundesministerium für Arbeit und Soziales fördert bundesweit Programme wie »Integration durch Qualifizierung« (IQ)[18] oder »Integration von Asylbewerber/-innen und Flüchtlingen« (IvAF)[19], welche die Anerkennung ausländischer Qualifikationen unterstützen, Sensibilisierungstrainings für Diversität und Antidiskriminierung für die Arbeitsverwaltung und Unternehmen anbieten sowie Projekte, welche die Arbeitsmarktintegration von Geflüchteten unterstützen und dabei sowohl Geflüchtete direkt beraten als auch über Wissensvermittlung strukturelle Verbesserungen erreichen sollen.

Zu Beginn des Jahres 2015 wurde zudem die räumliche Beschränkung für Asylbewerberinnen und Asylbewerber sowie für Geduldete weitgehend aufgehoben, sodass sich diese nun im gesamten Bundesgebiet aufhalten durften (die Wohnsitzauflage hatte weiterhin Bestand). Darüber hinaus sollten in Unterbringungseinrichtungen für Geflüchtete Geldleistungen gegenüber der Ausgabe von Sachleistungen bevorzugt werden.[20]

Mit dem Asylverfahrensbeschleunigungsgesetz (Asylpaket I) vom 24. Oktober 2015, diversen Gesetzesänderungen im Februar und März 2016 (Asylpaket II), dem Integrationsgesetz vom 6. August 2016 sowie dem Gesetz zur besseren Durchsetzung der Ausreisepflicht am 27. Juli 2017 wurden Maßnahmen eingeführt, welche die Verbesserungen für viele Geflüchtete rückgängig machten. Insbesondere Asylbewerberinnen und Asylbewerber sowie Geduldete aus »sicheren Herkunftsstaaten« nach § 29a Asylgesetz sowie jene, denen keine »gute Bleibeperspektive« (eine klare Rechtsgrundlage fehlt hierzu) bescheinigt wird, werden mit hohen Hürden beim Zugang zu Praktikum, Ausbildung und Arbeit belegt.

In den Gesetzgebungsverfahren des Bundes sind Interessenkonflikte zwischen einer auf die Integration in Sprachkurse, Praktika, Ausbildung und Arbeit ausgerichteten sowie volkswirtschaftlich intendierten Arbeits-

---

18 Vgl. Netzwerk IQ 2018; siehe auch das bayerische Landesnetzwerk MigraNet 2018a.

19 Vgl. Europäischer Sozialfonds 2018; siehe auch die bayerischen Landesnetzwerke: das »Bayerische Netzwerk für Beratung und Arbeitsmarktvermittlung für Flüchtlinge« (BAVF II) und das Projekt »Flüchtlinge in Beruf und Ausbildung« (FiBA 2); siehe zudem Tür an Tür 2018.

20 »Gesetz zur Verbesserung der Rechtsstellung von asylsuchenden und geduldeten Ausländern«.

marktpolitik und einer auf die sicherheitspolitische Bearbeitung von Asyl ausgerichteten Innenpolitik zu beobachten. Resultat der Differenzen sind Kompromisse, die sich auch im Recht niederschlagen. So beinhaltet beispielsweise die 3+2-Regelung[21], die Sicherheit vor Abschiebung für Geduldete während einer Ausbildung und einer darauffolgenden Beschäftigung gewährleisten soll, einen weiten Auslegungs- und Ermessensspielraum. Mehr als die Hälfte aller Landesinnenministerien haben eigens Erlasse beziehungsweise Weisungen an die ihnen jeweils unterstehenden Ausländerbehörden angefertigt, die vorgeben, wie die Bundesregelung auszulegen ist. Dies führt zu einer bundesweit uneinheitlichen Rechtspraxis.

Besonders drastisch wirkt sich die vom Bayerischen Staatsministerium des Innern und für Integration hervorgebrachte Weisungslage für Geflüchtete in Bayern aus. Hier kommt es zu besonders vielen Arbeitsverboten beziehungsweise De-facto-Arbeitsverboten, indem der Zugang zum Arbeitsmarkt von verschiedenen Ermessenskriterien abhängig gemacht wird – dazu zählen die sogenannte Bleibeperspektive[22], Identitätsklärung und Passbeschaffung. So wird versucht, ordnungspolitische Interessen durch arbeitsmarktpolitische Maßnahmen durchzusetzen. Zudem offenbaren die Innenministeriellen Schreiben den Versuch, allen Asylbewerberinnen und Asylbewerbern sowie Geduldeten, die nicht aus den Ländern mit sogenannter »hoher Bleibeperspektive« kommen, den Zugang zur 3+2-Regelung zu verwehren.[23] Die Verhinderung von Perspektiven insbesondere junger Menschen wirkt sich auf die betroffenen Individuen psychisch und sozial verheerend aus.[24] Sie leben in ständiger Angst und Sorge um ihren Lebensunterhalt, um ihre Familien, um ihre

---

21 Die 3+2-Regelung sieht vor, dass abgelehnte Asylbewerberinnen und Asylbewerber mit Duldung, die eine Ausbildung absolvieren und weitere Bedingungen erfüllen, eine Ausbildungsduldung nach § 60a Absatz 2 Satz 4 AufenthG für die Dauer der Ausbildung erhalten. Die Ausbildungsduldung schützt vor Abschiebung. Nach erfolgreicher Ausbildung unter wiederum einigen Voraussetzungen, wird eine Aufenthaltserlaubnis nach § 18a Absatz 1 AufenthG für zwei Jahre erteilt. Die Regelung ist mit dem Integrationsgesetz am 6. August 2016 in Kraft getreten.

22 Berechtigte Kritik am Konzept der Bleibeperspektive übt Voigt (2016).

23 Neben dem Innenministeriellen Schreiben (IMS) vom 1. September 2016 (vgl. Gemeinnützige Gesellschaft zur Unterstützung Asylsuchender 2016) vgl. auch die Nachjustierungen vom 19. Dezember 2016, 27. Januar 2017, 23. Mai 2017 (Kabinettsbeschluss) und 3. August 2017.

24 Vgl. den Abschnitt »5.9 Psychische Gesundheit«.

Zukunft. Dies ist nicht nur integrations- und arbeitsmarktpolitisch kontraproduktiv, sondern kann auch innenpolitisch schwerwiegende Folgen haben, wenn Menschen ihre Frustration nach außen richten. Andere kehren ihre Sorgen nach innen und leiden möglicherweise an Depressionen oder anderen gesundheitlichen Folgesymptomen. Die für solche Zustände ursächliche Dominanz der repressiv ausgerichteten Innenpolitik führt zu massiven ökonomischen Verlusten und steht somit konträr zu einer integrativ ausgerichteten Arbeitsmarktpolitik. Auch die Initiative der bayerischen Staatsregierung »Integration durch Ausbildung und Arbeit« zur Integration von 60 000 Geflüchteten in Arbeit bis Ende 2019 ändert nichts am Kern des Problems.

Im Koalitionsvertrag schreibt die Bundesregierung: »Die 3+2-Regelung für Auszubildende wollen wir bundesweit einheitlich anwenden. Diese Regelung zielt auf die Ermöglichung eines Zugangs zu einer qualifizierten Berufsausbildung mit einer Duldung. Dieses Ziel darf nicht durch eine zu enge Anwendung des Beschäftigungsrechts für Geduldete unterlaufen werden.«[25] Hier wird dezidiert »eine zu enge Anwendung des Beschäftigungsrechts« bemängelt. Dieses würde gar »unterlaufen«, womit deutlich gemacht wird, dass die Intention des Bundesgesetzes zur 3+2-Regelung durch Sonderregelungen torpediert wird. Diese Kritik richtet sich insbesondere an die bayerische Rechtspraxis zur 3+2-Regelung. Das bayerische Innenministerium sollte sofort ihre Weisungslage revidieren, um auf die im Koalitionsvertrag angemahnte »bundesweite ausbildungsfreundliche Umsetzung der wichtigen 3+2-Regelung für den Arbeitsmarktzugang«[26] hinzuwirken.

Die Arbeitsmarktpolitik der Bundesregierung ist überdies gehalten, die EU-Aufnahmerichtlinie zu berücksichtigen, in der es heißt, dass Asylbewerberinnen und Asylbewerber »spätestens neun Monate nach der Stellung des Antrags auf internationalen Schutz Zugang zum Arbeitsmarkt«[27] erhalten müssen.

Grundsätzlich sollte das Menschenrecht auf Arbeit durchgesetzt werden, wie es die Bundesrepublik Deutschland durch die Ratifizierung des UN-Sozialpaktes anerkennt. In Artikel 6 Absatz 1 UN-Sozialpakt

---

25 CDU/CSU/SPD 2018: 107 (Z. 4979–4982).
26 CDU/CSU/SPD 2018: 31 (Z. 1287f.).
27 Artikel 15 Absatz 1 Richtlinie 2013/33/EU.

heißt es: »Die Vertragsstaaten erkennen das Recht auf Arbeit an, welches das Recht jedes einzelnen auf die Möglichkeit, seinen Lebensunterhalt durch frei gewählte oder angenommene Arbeit zu verdienen, umfasst, und unternehmen geeignete Schritte zum Schutz dieses Rechts.«[28]

Die Innenpolitik sollte davon Abstand nehmen, den Arbeitsmarktzugang als asylpolitisches Steuerungsinstrument und zur öffentlichkeitswirksamen »Bekämpfung« von Geflüchteten zu verwenden. Wenn sie die Themen Migration und Asyl sicherheitspolitisch bearbeiten möchte, sollte sie in Erwägung ziehen, dass der Zugang zum Arbeitsmarkt zur sozialen Befriedung aller gesellschaftlichen Gruppen beitragen kann.

Handlungsempfehlungen

▶ Abschaffung des Arbeitsverbots als ordnungspolitisches Regulierungsinstrument;

▶ Verankerung eines Rechtsanspruchs für die Inanspruchnahme von Übersetzungs- und Dolmetscherleistungen für die ersten drei Jahre des Aufenthalts;

▶ Schaffung und Sicherstellung des Zugangs zu allen Förderinstrumenten der Sozialgesetzbücher II und III (insbesondere Berufsausbildungsbeihilfe und Ausbildungsbegleitende Hilfen) sowie BAföG direkt nach der Registrierung und ohne Wartezeiten;

▶ Sicherung des Aufenthalts durch Erteilung eines Aufenthaltstitels bei Schulbesuch, Ausbildung, Studium, Erwerbstätigkeit (Ermöglichung des »Spurwechsels«);

▶ Sicherung des Aufenthalts durch Erteilung eines Aufenthaltstitels bei Maßnahmen der Arbeitsförderung sowie während des Anerkennungsprozesses für ausländische Qualifikationen.

5.5 Kompetenzorientierte Anerkennung ausländischer Qualifikationen

Wie im vorherigen Abschnitt im Kontext des Arbeitsmarktzugangs für Geflüchtete angemerkt wurde, spielt die Erwerbsarbeit in unserer

---

28   Artikel 6 Absatz 1 UN-Sozialpakt.

Gesellschaft eine elementare Rolle, da finanzielle Unabhängigkeit zu einem selbstbestimmten Leben, gesellschaftlicher Teilhabe und dem zugewiesenen sozialen Status beiträgt.[29] Für erwachsene Zugewanderte und Geflüchtete ist es daher enorm wichtig, sich auf ihre im Ausland erworbenen Berufserfahrungen und Bildungsabschlüsse beziehen zu können, um sich auf dem deutschen Arbeitsmarkt zu behaupten.

Die Anerkennung ausländischer Kompetenzen ist jedoch ein sehr komplexer, langwieriger und kostspieliger Prozess. In Deutschland gibt es einerseits rechtlich reglementierte Berufe, die ohne formale Anerkennung durch die zuständige Behörde nicht ausgeübt werden dürfen, beispielsweise im Bereich Pädagogik oder Medizin. Hier sind Landesbehörden und Berufsverbände für die Anerkennungsprüfung zuständig. Für nicht reglementierte Berufe gibt es keine vorgeschriebene Berufszulassung. Eine Anerkennung ist in diesem Fall keine zwingende Voraussetzung für die Bewerbung auf dem Arbeitsmarkt. Viele Arbeitgeberinnen und Arbeitgeber stehen ausländischen Zertifikaten jedoch skeptisch gegenüber und sind nicht in der Lage, Informationen bezüglich vorhandener Qualifikationen und fachlicher Kompetenzen aus diesen abzuleiten. Dies zeigt sich an erfolglosen Bewerbungen der Zugewanderten, die Anerkennungs- oder Berufsberatungsstellen aufsuchen.[30] Auf Anraten der Jobcenter und Arbeitsagenturen lassen viele auch ohne Notwendigkeit eine Zeugnisbewertung oder Gleichwertigkeitsprüfung ihres Abschlusses vornehmen, um ihre Chancen auf dem Arbeitsmarkt vermeintlich zu erhöhen.[31]

Seit 2012 besteht aufgrund des Gesetzes zur Anerkennung ausländischer Berufsabschlüsse ein Rechtsanspruch auf die Überprüfung der Gleichwertigkeit von im Ausland erworbenen Qualifikationen.[32] Die darunter gefassten Berufsqualifikationsfeststellungsgesetze regeln die

---

29 Vgl. auch den Abschnitt »4.4 Soziale Ungleichheit«.

30 Vgl. auch Englmann/Müller 2007: 22.

31 Mit der Anerkennung einer ausländischen Bildungsqualifikation wird der Wert dieser Qualifikation bestätigt. Eine Zeugnisbewertung erläutert die Inhalte einer ausländischen Hochschulqualifikation und ihre beruflichen und akademischen Verwendungsmöglichkeiten in Deutschland. Die Gleichwertigkeitsprüfung ist ein Bescheid, der die (teilweise) Gleichwertigkeit eines Berufsabschlusses mit einem deutschen Berufsabschluss (dem so genannten Referenzberuf) feststellt. Vgl. Zentralstelle für ausländisches Bildungswesen 2018a, 2018b sowie 2018c.

32 Vgl. § 2 Absatz 1 in Verbindung mit § 6 Absatz 1 Bayerisches Berufsqualifikationsfeststellungsgesetz.

Anerkennung auf Bundes- und Landesebene; in Bayern ist das Bayerische Berufsqualifikationsfeststellungsgesetz (BayBQFG) maßgebend. In der Umsetzung zeigt sich, dass dieser rechtliche Rahmen wichtig, aber auch verbesserungswürdig ist. Insbesondere das Zusammenspiel staatlicher und fachlicher Stellen bei der Bewertung der Qualifikation und der Ableitung von Anpassungsmaßnahmen findet nicht reibungslos statt. Sowohl Beratende als auch Ratsuchende berichten von langen Wartezeiten und widersprüchlichen Rückmeldungen der Anerkennungsstellen.[33] Zudem zeigt sich empirisch, dass viele Geflüchtete über die Möglichkeit einer Anerkennung entweder kein Wissen haben oder aufgrund sprachlicher Hürden Unterstützung benötigen.[34] Häufig können sie erforderliche Zertifikate nicht vorweisen, da sie über keine institutionalisierte Bildung verfügen, die Nachweise im Heimatland nicht erreichbar oder auf der Flucht abhandengekommen sind. Somit entsteht eine Schieflage: Berufliche Erfahrungen und vorhandenes praktisches Wissen, das nicht formal nachgewiesen werden kann, haben keinen Bildungswert. »Die Relevanz der transnationalen Anerkennung formaler Bildungsabschlüsse sowie der auf non-formalen und informellen Wegen erworbenen Kompetenzen wird [zwar] zunehmend erkannt«[35], anerkannt wird informelle Bildung auf dem deutschen Arbeitsmarkt jedoch nach wie vor nicht, zumindest nicht beim erstmaligen Eintritt.

Doch auch ein anerkannter Abschluss ebnet Zugewanderten und Geflüchteten nicht zwangsläufig den Weg in eine sozialversicherungspflichtige Beschäftigung. Insbesondere Bewerberinnen und Bewerber aus Nicht-EU-Ländern haben es schwer, auf den Arbeitsmarkt zu gelangen. Oftmals muss eine Vorrangprüfung durchgeführt werden, welche EU-Bürgerinnen und -Bürger bevorzugt. Für Asylbewerberinnen und Asylbewerber ist der Zugang frühestens nach drei Monaten erlaubt. Für sogenannte Mangelberufe hat die Bundesagentur für Arbeit bereits die Einstellungsbedingungen für Nicht-EU-Länder gelockert

---

33 Dies belegen Gespräche mit dem Projektmanager der IQ Rheinland-Pfalz Anerkennungs- und Qualifizierungsberatung in Mainz, Hans-Peter Wilka, sowie dem Geschäftsführer der »Tür an Tür – Integrationsprojekte gGmbH« in Augsburg, Stephan Schiele.
34 Vgl. Brücker/Rother/Schupp 2017.
35 Bundesministerium für Bildung und Forschung 2008: 78.

und an speziellen Partnerschaftsprogrammen teilgenommen.[36] Dies ist aufgrund der globalisierten Marktwirtschaft und der daraus folgenden engen Vernetzung globaler Regionen langfristig unausweichlich. Ebenso müssen auch bereits in Deutschland lebende Menschen mit ausländischen Qualifikationen zielgerichtet gefördert und in die Berufstätigkeit geführt werden. Davon würden Zugewanderte und Geflüchtete, die Wirtschaft und durch die Entlastung letztendlich auch das Bildungs- und Sozialsystem profitieren.

Handlungsempfehlungen

▶ Zugewanderte und Geflüchtete sollen so früh wie möglich über die Modalitäten und Finanzierungsmöglichkeiten der Anerkennung ihrer Bildungs- und Berufsabschlüsse informiert und an entsprechende Beratungsstellen verwiesen werden. Notwendige Informationen müssen ihnen in ihren Amtssprachen zur Verfügung gestellt werden.

▶ Im Rahmen des Anerkennungsverfahrens anfallende Kosten müssen unabhängig vom Aufenthaltsstatus der Antragsstellenden vom jeweiligen Bundesland übernommen werden, sofern diese die Kosten nicht selbst tragen können.

▶ Sollte durch die Anerkennung der Qualifikation ein aufenthaltsrechtlicher »Spurwechsel« möglich sein, muss dieser vorgenommen werden können.

▶ Grundsätzlich sprechen wir uns für eine angemessene Gewichtung von (Berufs-)Erfahrung im Vergleich zu formaler Bildung aus. Es müssen Wege gefunden werden, um Bildungs- und Berufserfahrungen weniger defizit- und stärker ressourcen- und kompetenzorientiert zu ermitteln.

▶ Anerkennungsverfahren müssen arbeitspraktische, non-formale und informelle Erfahrungen berücksichtigen. Nur so können nicht-zertifizierte Kenntnisse nachgewiesen werden. Auf dem deutschen Bildungsmarkt existieren Erfassungsinstrumente, wie beispielweise

---

36 So beispielsweise das Projekt »Triple Win« der Zentralen Auslands- und Fachvermittlung (ZAV), der Bundesagentur für Arbeit und der Deutschen Gesellschaft für Internationale Zusammenarbeit (GIZ) GmbH. Vgl. Bundesagentur für Arbeit 2018.

der ProfilPASS, die im Kontext internationaler Zielgruppen weiterentwickelt werden können.

▶ Partnerschaftsprogramme im Bereich Bildung und Wirtschaft mit Ländern des sogenannten globalen Südens müssen intensiviert werden, um den Transfer von Ressourcen und Bildungszertifikaten zu erleichtern.

▶ In reglementierten wie nicht-reglementierten Berufsfeldern sollten (beispielsweise von den zuständigen Kammern) Mindeststandards definiert werden, die anhand theoretischer und praktischer Eignungstests im Rahmen der Anerkennung geprüft werden können.

▶ Um den Anerkennungsprozess von der fachpraktischen Einschätzung über einen frühen Berufseinstieg bis zur berufsbegleitenden Weiterbildung effizient und flächendeckend umsetzen zu können, müssen Kooperationsteams zwischen der Agentur für Arbeit, den Jobcentern, Kammern, Innungen, zuständigen Ämtern und Ministerien gebildet werden.

▶ In öffentlichen Behörden, Beratungszentren, Kammern und Innungen muss es Ansprechpartnerinnen oder Sprachmittler für Zugewanderte und Geflüchtete geben. Das Konzept der Integrationslotsen muss ausgebaut und durch langfristige Stellenbesetzungen strukturell gestärkt und etabliert werden.

▶ Zudem müssen bundesweit Qualifizierungsangebote konzipiert werden, in denen tatsächlich vorhandene fachliche Defizite parallel zur Ausübung des Berufs nachgeholt werden können, damit ein früher und qualifikationsadäquater Berufseinstieg erfolgen kann. An dieser Stelle sind vier Good-Practice-Beispiele zu nennen:

– Das länderübergreifende Anerkennungsverfahren für handwerkliche Berufe »Prototyping Transfer – Berufsanerkennung mit Qualifikationsanalysen« der HWK Hamburg, HWK Mannheim Rhein-Neckar-Odenwald, der IHK FOSA, der IHK zu Köln, der IHK für München und Oberbayern, dem Westdeutschen Handwerkskammertag sowie der Saaris (IHK Saarland).

– Die von der »Tür an Tür – Integrationsprojekte gGmbH« in Augsburg initiierte Qualifizierungsmaßnahme für Erzieherinnen und Erzieher der Regierung von Niederbayern und der Fachakademie für Sozial- und Heilpädagogik in Hof.

- Die Anpassungsmaßnahme für Sozialpädagoginnen und Sozialpädagogen vom Bayerischen Sozialministerium, MigraNet, der Stadt München, der Katholischen Stiftungshochschule in München und dem Sozialpädagogischen Fortbildungszentrum des Landesjugendamts Bayern.
- Das von der Universität Potsdam, dem Brandenburger Ministerium für Wissenschaft, Forschung und Kultur und dem Deutschen Akademischen Austauschdienst angebotene »Refugee Teachers Program« für geflüchtete Lehrerinnen und Lehrer, die für einen Berufseinstieg in das Brandenburger Schulsystem vorbereitet werden.

Solche Initiativen tragen schnell erste Früchte und müssen strukturell, politisch und finanziell gestärkt und deutschlandweit etabliert werden.

5.6 Zukunft der Migrationsberatungsdienste

In Artikel 3, Absatz 5 des Bayerischen Integrationsgesetzes (BayIntG) verpflichtet sich der Freistaat, Angebote der Migrationsberatung zu unterstützen, »um den Migrantinnen und Migranten im Bedarfsfall einzelfallgerechte Hilfe und Unterstützung in den eigenen Integrationsbemühungen zu gewähren.«

Seit 1. Januar 2018 sind die landesgeförderten Beratungsdienste Asylsozialberatung und Migrationsberatung in einem einheitlichen Beratungsdienst der Flüchtlings- und Integrationsberatung zusammengeführt. Die Aufgaben dieses Dienstes sind in der Beratungs- und Integrationsrichtlinie (BIR) beschrieben.[37] Dieser Dienst dürfte mit über 600 Vollzeitstellen einer der größten Beratungsdienste im sozialen Bereich in Bayern sein. Dazu kommen die bundesgeförderten Migrationsdienste, Migrationsberatung für erwachsene Zuwanderer (MBE) und Jugendmigrationsdienst (JMD) sowie die Integrationslotsen[38] zur Koordination der Ehrenamts-

---

37 Siehe Richtlinie für die Förderung der sozialen Beratung, Betreuung und Integration von Menschen mit Migrationshintergrund (Beratungs- und Integrationsrichtlinie – BIR), vgl. Bayerisches Staatsministerium für Arbeit und Soziales, Familie und Integration 2017.

38 Zum Stand 1. Februar 2018 gibt es in 72 bayerischen Landkreisen und kreisfreien Städten Integrationslotsen (vgl. Bayerischer Landtag, Drucksache 17/21024: 50).

arbeit. Die Träger, zumeist Wohlfahrtsverbände, haben eine jahrzehnte-lange Erfahrung in der Arbeit mit Migrierten und sind in der Fläche, überall wo Migrierte leben und Asylbewerberinnen und Asylbewerber untergebracht sind, tätig. Die Dienste sind in den letzten Jahren sehr stark ausgebaut worden und können somit einen zentralen Baustein zur sozialen Integration von Migrierten und Flüchtlingen bilden. Mit sin-kenden Flüchtlingszahlen sollten die Dienste keinesfalls zurückgefahren werden. Denn: (1.) Es gibt keinen anderen Dienst, der die Anforderungen der Inklusion in all ihren Aspekten (Beruf, Schule, soziales Miteinander vor Ort) so stark im Blick hat. (2.) Die komplexen Aufgaben der All-tagsbewältigung benötigen neben der Beratung auch eine Begleitung und Betreuung, die nur in einem Netzwerk mit kommunalen Verwaltungen, weiteren Unterstützungssystemen und Ehrenamtlichen zu organisieren sind.

Die Dienste sind unmittelbar vor Ort im sozialen Nahraum, den Städ-ten und Landkreisen, tätig. Damit sind diese Dienste prädestiniert dafür, die soziale Integration, das heißt die Begegnung von Menschen mitein-ander, in den Blick zu nehmen und Gelegenheitsstrukturen zu schaffen. Nur vor Ort können die Bedarfe und Steuerungsanforderungen adäquat eingeschätzt werden. Dies kann nur gelingen, wenn die Dienste verläss-lich personell ausgestattet sind und die beschriebenen Aufgaben und das dazugehörige Netzwerk langfristig betreuen können. Auch im ländlichen Raum, also in den Landkreisen, in denen im Verhältnis weniger Migrierte leben, muss eine Mindestbesetzung gewährleistet sein. Dienste mit weni-ger als drei Vollzeitstellen können die umfassenden Aufgabenstellungen nicht erfüllen. Als Grundlage für die Bemessung der Fördermittel wer-den seit 2018 die Kennzahlen aus dem Ausländerzentralregister (AZR) verwendet. Das AZR bildet aber die Bedarfe besonders im ländlichen Raum nicht adäquat ab. Aufgrund größerer Entfernungen müssen dort alternative Mobilitätsmodelle erarbeitet werden, um eine Nutzung der Integrationsinfrastruktur sicherzustellen, oder kleine Integrationskurse angestrebt werden. Eine Ausrichtung anhand der Bedarfe vor Ort kann somit insgesamt Kosten einsparen, da innovative Lösungen gefunden werden können.

Handlungsempfehlungen

▶ *Verstetigung der Förderung:* Die Flüchtlings- und Integrationsberatung mit den Integrationslotsen muss dauerhaft und unabhängig von kurzfristigen Schwankungen bei den Migrations- beziehungsweise Flüchtlingszahlen finanziell abgesichert werden. Die Inklusion von Migrierten ist eine Daueraufgabe. Bei der Berechnung des Stellenschlüssels für die Städte und Landkreise in Bayern sollten deshalb nicht nur die Zugänge in das Ausländerzentralregister, sondern auch die absoluten Bestandszahlen herangezogen werden. Dabei könnten auch die Zahlen aus dem Mikrozensus herangezogen werden.

▶ *Enge Kooperation mit weiteren Projekten:* Aufgrund der zentralen Stellung der Flüchtlings- und Migrationsberatungsdienste sollten diesen weitere Projekte (zum Beispiel aus dem Bereich der Familienbildung wie das Projekt »Starke Netzwerke Elternbegleitung für geflüchtete Familien«, Elterntalk und so weiter) angegliedert werden beziehungsweise Träger weiterer Projekte eng mit ihnen kooperieren. Dies gilt insbesondere auch für die Stellen, die im Bereich der Ehrenamtskoordination tätig sind. Wichtige Kooperationspartner auf kommunaler Ebene sind die Integrationsbeiräte. Für gelingende Integration sind kommunale Integrationskonzepte erforderlich.[39]

▶ *Stärkere Ausrichtung auf Netzwerkarbeit und Schaffung von Begegnungszentren:* Die Dienste sind bisher stark auf Case Management und Einzelberatung ausgerichtet. Die Aufgabenbeschreibung sollte, im Sinne einer inklusiven Arbeit, stärker Gemeinwesenarbeit beinhalten und das Ziel verfolgen, vor Ort die Begegnung von Menschen unterschiedlicher Herkunft zu fördern. Dies stellt ein zentrales Beratungsziel der Beratungs- und Integrationsrichtlinie (BIR) dar: »Förderung des gegenseitigen Verständnisses und der wechselseitigen Akzeptanz zwischen Zugewanderten sowohl in den Unterkünften als auch im Gemeinwesen« sowie »Förderung der Partizipation und Chancengleichheit von Menschen mit Migra-

---

39 Vgl. den Abschnitt »4.9 Unterstützung der Kommunen«.

tionshintergrund in allen Bereichen des gesellschaftlichen Lebens«.[40] Die Schaffung von Beratungs- und Begegnungszentren, in denen verschiedene Projekte und Dienste zusammen untergebracht sind, die allen Menschen – nicht nur Migrierten – offenstehen, sollte deshalb vorangetrieben werden. Die Zentren sollten jeweils über offene Treffpunkte verfügen. Ein landesweites Förderprogramm ist nötig, mit dem die Schaffung von entsprechenden Räumlichkeiten auch in kleineren Gemeinden ermöglicht wird.

▶ *Eigenständige Beratungsdienste für Erstaufnahmeeinrichtung beziehungsweise Ankerzentrum:* Für die Erstaufnahmeeinrichtungen beziehungsweise Ankerzentren wird aufgrund der speziellen Aufgabenstellungen ein eigenständiger Beratungsdienst unabhängig von den Flüchtlings- und Integrationsdiensten mit einem eigenen Stellenschlüssel benötigt. Im Rahmen dieser Dienste ist insbesondere eine unabhängige und kostenlose Verfahrensberatung zu gewährleisten. Die allgemeinen Informationen des Bundesamtes für Migration und Flüchtlinge sind nicht ausreichend, da die Asylsuchenden sie häufig nicht erfassen beziehungsweise auf ihre individuellen Umstände anwenden können. Mit einer unabhängigen Beratung laufen die Verfahren effizienter und zügiger ab, etwa weil die Asylbewerberinnen und Asylbewerber besser verstehen, welche Pflichten sie haben. Das wiederum fördert die Qualität der Entscheidungen und reduziert die Zahl der Klageverfahren. Der Zugang zur Verfahrensberatung muss vor dem Anhörungstermin möglich sein.

5.7 Inklusion immigrierter Mütter

5.7.1 Aktuelle Situation

Asylbewerberinnen und Asylbewerber, deren Asylantrag positiv beschieden wird, sind ab Anerkennung durch das Jobcenter als Arbeitslosengeld-II-Empfängerinnen beziehungsweise -empfänger gemeldet. Hier nehmen sie nun in der Regel an einer Integrationsmaßnahme teil:

---

40 Siehe den Gliederungspunkt »2.1.1 Beratungsziele«, in: Bayerisches Staatsministerium für Arbeit und Soziales, Familie und Integration 2017.

zunächst Sprach- beziehungsweise Integrationskurse, später spezielle Maßnahmen zur Arbeitsmarktintegration (zum Beispiel Bewerbungstraining). Mütter von kleinen Kindern und/oder ohne ausreichende Kinderbetreuungsmöglichkeiten (Kindertagesstätte, Kindergarten, Schulzeiten) sind hiervon oftmals ausgeschlossen.[41] Die derzeit mangelnde Kinderbetreuung macht es vielfach nicht möglich, an diesen Integrationskursen teilzunehmen. Bekommt eine Frau beispielsweise zwei Kinder, dann kann es nach derzeitiger Verwaltungslage durchaus vorkommen, dass sie über mehrere Jahre schlicht den Zugang zu Sprach- und Integrationskursen verpasst. Damit geht freilich auch einher, dass ihr Kontaktmöglichkeiten genommen werden.

Die Last der Familienarbeit liegt erfahrungsgemäß nach wie vor größtenteils bei den Müttern. Diese Frauen und Familien müssen gefördert werden, um ihnen gesellschaftliche Teilhabe – auch am Arbeitsmarkt – zu ermöglichen. Es erfordert insbesondere Sprachförderung aller Familienmitglieder gleichermaßen. Mitreden und verstehen, was passiert, ist von großer Bedeutung für eine positive Entwicklung und gelingende Integration. Chancengleichheit für Mütter muss demnach zunächst mit ihrer Sprachförderung beginnen.

5.7.2 Modellprojekt »Deutsch für Mütter« im Landkreis Schwandorf

Seit Juni 2017 werden im Landkreis Schwandorf 52 Mütter (Stand 20. Juni 2018) »beschult«, inklusive Kinderbetreuung. Sprachschulung, Wertebildung, Empathie und Selbstbestimmung sind die Pfeiler dieses Projektes.[42] Die Rahmenbedingungen sind zugeschnitten auf die sozialen, kulturellen, familiären und infrastrukturellen Möglichkeiten der Frauen und Familien. In vier Städten finden die Kurse bereits mit sehr großem Erfolg statt. Selbstbewusstsein entsteht, Autoführerscheine werden selbstverständlich, offizielle Sprachtests gemacht und einige der Frauen fragen nach Arbeit – bereits nach sehr kurzer Zeit.

Die im Landkreis Schwandorf teilnehmenden Frauen haben insgesamt über 130 Kinder (circa ein Drittel wird während der Kurse betreut). Es

---

41 Vgl. Dilger/Dohrn 2016: 285 ff.

42 »Deutsch für Mütter« ist ein Projekt der Initiative »Integration SAD« des Landkreises Schwandorf (vgl. Landkreis Schwandorf 2018).

wird davon auszugehen sein, dass diese Frauen das Gelernte nicht nur im Empowerment-Prozess selbst nutzen können, sondern insbesondere auch ihren Kindern vermitteln werden, denen dadurch wiederum ein erleichterter Zugang in das gesamtgesellschaftliche Leben ermöglicht wird.

Handlungsempfehlungen

▶ Regelfinanzierte Sprach- und Integrationskurse für Mütter mit Kinderbetreuung (wie zum Beispiel »Mama lernt Deutsch«, »Deutsch für Mütter«, »Arabisch Catering«[43]) sind verstärkt zu fördern.

▶ Kooperationen von Bildungsträgern mit schulischen Einrichtungen / Kindergärten für die Kinderbetreuung sollten stärker gefördert werden.

▶ Entsprechende Lehrpläne sind zu erarbeiten;

▶ Die maximale wöchentliche Anzahl der Unterrichtsstunden sollte 12 Unterrichtseinheiten nicht übersteigen, damit die Mütter ihren familiären Aufgaben nachkommen können. Auf Projekt- oder Krankheitstage der Kinder muss Rücksicht genommen werden. Die Anfangszeiten der Mütterkurse müssen auf Schulbeginn und Kita/Kiga-Zeiten Rücksicht nehmen. Pausenzeiten sollten länger veranschlagt sein, damit die Mütter ihre Kinder in der Kinderbetreuung versorgen können. Auch diese Zeiten sind kreative Lernphasen.

▶ Kurse sollen sich über mehrere Jahre erstrecken, damit sie Wirkung entfalten können. Die Mütter vernetzen sich untereinander und mit der Kindertagesstätte, dem Kindergarten oder der Schule. Gerade bei mehreren Kindern ist die Vernetzung nachhaltig und für die Frauen von großem Mehrwert. Die Erfahrung zeigt, dass unter für sie günstigen Bedingungen die Frauen gerne kommen, nicht überfordert sind und mit Freude am Unterricht partizipieren.

▶ Gemeinsame Unterrichtsstunden helfen den Müttern, den Unterricht ihrer Kinder kennenzulernen. Mütter lernen mit ihren Kindern zum Beispiel Kinderlieder, Gedichte etc., Kinder und Mütter malen

---

43 Sprachkurs mit gastronomischer Schulung, gefördert durch das Bayerische Innenministerium.

zusammen oder bearbeiten zusammen ein Thema, oder sind bei der Einführung eines neuen Buchstabens dabei und erfahren etwas über Grundschuldidaktik. Die Lehrerinnen und Lehrer lernen die Mütter ihrer Schülerinnen und Schüler auf einer anderen Ebene kennen. Derartige Crossover-Veranstaltungen sollten nicht dem guten Willen einzelner Schulen beziehungsweise Lehrerinnen und Lehrern überlassen werden.

▶ Ein Budget für kulturelle Aktivitäten und Freizeitangebote ist bereitzustellen, zumal die Mütter als Multiplikatoren und Katalysatoren für ihre Kinder agieren können. Diese Angebote sollten Teil eines Lehrplanes für Mütterkurse sein. Bewährt haben sich auch gemeinsame Projekte zwischen Kindertagesstätte, Kindergarten, Schule und den Mütterkursen. Solche gemeinsamen Projekte sollten in einer Richtlinie verankert werden, damit sie nicht nur vom Engagement vereinzelter Lehrkräfte abhängen. Projekte können zum Beispiel gemeinsame Museumsbesuche, gemeinsames Picknick, Ausflüge, Wanderungen, gemeinsames Kochen oder dergleichen sein.

5.8 Psychosoziale Versorgung

Die psychosoziale Versorgung von Menschen mit Migrationshintergrund ist durch verschiedene Faktoren eine besondere Herausforderung. Zum einen, weil der Verlust der vertrauten heimatlichen Umgebung – ob freiwillig oder erzwungen – eine besondere Belastungssituation darstellt. Zum anderen ist in allen Bereichen der psychosozialen Versorgung – wie in keinem anderen medizinischen Feld – die Sprache für die Behandlung von elementarer Bedeutung. Bei den Menschen, die als Flüchtlinge jetzt in den letzten Jahren zu uns gekommen sind, ergeben sich noch eine Reihe weiterer schwerwiegender Belastungsfaktoren – Traumatisierung im Heimatland und während der Flucht, Ungewissheit über den Aufenthaltsstatus und Orientierungslosigkeit am neuen Aufenthaltsort, erzwungene Trennung vom vertrauten sozialen Supportsystem. Die Folgen von Traumatisierung und anderen Belastungsfaktoren zeigen sich nicht immer unmittelbar sofort, sondern es ist davon auszugehen, dass mittel- und langfristig ein erheblicher Behandlungsbedarf und dadurch Belastungen auf das Gesundheitssystem zukommen. Die oben genannten besonderen Bedingungen, die eine psychosoziale Versorgung von Migrierten und insbesondere der Flüchtlinge erfordern, lässt es aus unserer Sicht sinnvoll erscheinen, spezielle zusätzliche Angebote außerhalb der Regelversorgung der Gesamtbevölkerung anzubieten. Nur so ist es aus unserer Sicht möglich, auf die besonderen Herausforderungen zu reagieren und damit auch langfristig präventiv zu wirken.

Handlungsempfehlungen

▶ *Ausbildung von Sprach- und Kulturmittlern:* Als Mittler in der gesamten medizinischen Versorgung von Migrierten und im speziellen im Bereich der psychosozialen Versorgung sollten Sprach- und Kulturmittler ausgebildet werden. Dabei handelt es sich um Migrantinnen und Migranten, die mit dem Gesundheitssystem vertraut sind. An bestehende Projekte wie zum Beispiel »Mit Migranten für Migranten« (MIMI) kann angeknüpft werden. Allerdings ist die reine Informationsvermittlung, wie sie in diesem Projekt vorgesehen ist, nicht ausreichend. In Ermangelung ausreichenden medizinischen Personals, welches der Muttersprache der Migranten mächtig ist, sollten kurz und mittelfristig Menschen aus den entsprechenden Herkunftsländern, die eine einschlägige Ausbildung im Gesundheitssystem aufweisen, zu Sprachmittlerinnen und auch zu psychosozialen Beratern ausgebildet werden. Dafür sind entsprechende Ausbildungsmittel zur Verfügung zu stellen und Jobcenter und Arbeitsagentur sollten bei der Auswahl der entsprechenden Berater mit einbezogen werden.

▶ *Ausbau der psychosozialen Zentren:* In Bayern gibt es bisher drei psychosoziale Behandlungszentren für Flüchtlinge und Folteropfer (in München, in Nürnberg und in Lindau). Die Einrichtungen sind völlig überlastet und deshalb erscheint es notwendig, einen Ausbau dergestalt voranzutreiben, dass es in jedem Regierungsbezirk ein Zentrum gibt. Entsprechende Bundesmittel sind abzurufen und nötigenfalls durch eine Anschubfinanzierung des Landes zu ergänzen. Eine Zuweisung von Sondersitzen der Kassenärztlichen Vereinigung Bayerns (KVB) sollte angestrebt werden. Die jeweiligen

Zentren sollten auch Sprechstunden in größeren Einzugsgebieten innerhalb ihrer jeweiligen Regierungsbezirke anbieten.

▸ *Schaffung eines Lehrstuhls für Migrationsmedizin:* Die beschriebenen besonderen Herausforderungen, die die gesundheitliche Versorgung der Migrantinnen und Migranten und insbesondere der Flüchtlinge mit sich bringt, sollten weiter wissenschaftlich erforscht und neue Behandlungsansätze und Angebote implementiert werden. Um dies zu erreichen, sollte mittelfristig an einem Standort in Bayern ein Lehrstuhl für Migrationsmedizin unter besonderer Berücksichtigung der psychosozialen Versorgung von Migranten eingerichtet werden. Diese Einrichtung könnte zu einem Zentrum der Forschung aber auch der Erprobung neuer Behandlungsansätze werden – und von hier aus auch eine flächendeckende Fortbildung von im Medizinbereich Tätigen erreicht werden.

5.9 Psychische Gesundheit

Im Rahmen von (Flucht-)Migration sind Menschen in erhöhtem Maße psychischer und physischer Gewalt ausgesetzt, die zu psychischen Störungen wie Traumafolgestörungen und Depressionen führen kann. Daher bedarf es gezielter Angebote für diese Zielgruppe. Nichtsdestotrotz halten wir es für wichtig, auch gesellschaftliche Bedingungen im Hinblick auf psychische Störungen zu beachten.

5.9.1 Psychische Störungen und Vergesellschaftung

Der Mensch ist ohne die Gesellschaft nicht denkbar. Entsprechend sind auch die Ursachen psychischer Störungen nicht ausschließlich auf biologischer Ebene zu betrachten, sondern in ihrer gesellschaftlichen Vermitteltheit. Beispielsweise ist das Erleben von Gewalt und Ausgrenzung ein Produkt des gesellschaftlichen Zusammenlebens. Somit trägt die Art und Weise, wie Gesellschaft und Gemeinschaft organisiert ist, auch einen entscheidenden Anteil an der Entstehung psychischer Störungen. Entsprechend bedarf eine angemessene psychosoziale Unterstützung auch einer Analyse des jeweiligen gesellschaftlichen Kontexts.

Als Mitglieder einer Gesellschaft müssen wir debattieren, an welchen Stellen unsere Regeln und unser Handeln für Menschen psychisch belastend sind. Mit dem Blick auf (Flucht und) Migration muss hierbei auch der Blick auf Diskriminierung in der Aufnahmegesellschaft[44] und auf (Re-)Traumatisierung während des Asylverfahrens gelegt werden. Politische und zivilgesellschaftliche Akteure müssen eine Sensibilität dafür entwickeln, welche Folgen, auch psychischer Natur, ihr Handeln haben kann. Als Beispiele seien hier erstens die Aussetzung und Einschränkung des Familiennachzugs für subsidiär Geschützte genannt, die eine massive psychische Belastung für die Betroffen bedeutet. Zweitens sei als Beispiel auf die geforderte Darstellung der Fluchtgeschichte in einem ungeschützten Umfeld wie der Ausländerbehörde und vor ungeschultem Personal verwiesen. Die Notwendigkeit, den Fluchtgrund und Fluchtweg authentisch und glaubhaft darzustellen, birgt hohe Risiken, dass Asylantragstellerinnen und -antragsteller re-traumatisiert werden.[45] Darüber hinaus bringt dieses Verfahren Geflüchtete in eine Bringschuld, ihre schrecklichen Erfahrungen zu beweisen, was das Asylverfahren zu einer Tortur werden lassen kann. Auch hier kommt dem Wissen über psychische Krankheiten massive Bedeutung zu: Ein Merkmal traumatisierter Menschen kann die quasi distanziert wirkende Erzählung ihres Leids sein. Dies wird von Laien oftmals als unglaubwürdige Darstellung eingestuft, obwohl dies häufig eine Folge der Traumafolgestörung darstellt.

5.9.2 Bemerkungen zu therapeutischen Ansätzen

Für eine angemessene psychosoziale Versorgung ist es zunächst von großer Bedeutung, zu verstehen, woran eine psychisch belastete Person konkret leidet und wie sich dies individuell ausdrückt. Je nach sozialer und kultureller Herkunft bestehen jedoch große Unterschiede darin, welche Symptome auftreten, wie sich diese ausdrücken und wie diese bezeichnet werden. Eine gute Diagnostik benötigt deshalb neben sprachlichen Vermittlungsmöglichkeiten auch weiteres Wissen, um lokaltypische Symptommuster sowie unterschiedliche Leidensbegriffe deuten zu können.[46]

---

44 Vgl. den Abschnitt »4.6 Schutz vor Diskriminierung«.
45 Vgl. Becker 2003.
46 Vgl. Sue et al. 2009.

Während sich die Depression beispielsweise bei einem Patienten primär durch Niedergeschlagenheit und Antriebslosigkeit äußert, entwickelt ein anderer Patient in erster Linie somatische Beschwerden. Damit beide Patienten die notwendige therapeutische Unterstützung erhalten können, müssen Praktikerinnen und Praktiker über dieses Wissen verfügen. Dies ist derzeit leider jedoch noch in zu geringem Umfang der Fall.

Psychotherapien bergen die Gefahr, das psychische Leid zu individualisieren. Dies heißt nicht, dass der Mensch nicht auch als gesellschaftliches Wesen betrachtet wird. Die gesellschaftlichen Gründe für die Entstehung und vor allem für die Verhinderung von psychischen Leiden werden jedoch häufig ausgeblendet. Der Heilungsprozess von psychischen Störungen wird nicht mit gesellschaftlichen Bedingungen in einen Zusammenhang gebracht, sondern maßgeblich in die Eigenverantwortung des kranken Menschen gelegt. Im Sinne der Inklusion müsste jedoch neben einer individuellen Therapie auch eine gesellschaftliche Auseinandersetzung mit den Rahmenbedingungen, unter denen psychische Störungen entstehen, geführt werden.

Ohne diesen Dualismus kann womöglich ein Trauma nicht hinreichend »verarbeitet« werden, geschweige denn ist eine Bearbeitung der Ursachen möglich. So liegen jeder Traumatherapie drei Kernaspekte zugrunde: Stabilisierung, Auseinandersetzung mit dem Trauma und zuletzt Integration in das Leben.[47] Wir fragen uns, wie Stabilisierung stattfinden soll vor dem Hintergrund unsicherer und zeitlich begrenzter Aufenthaltstitel. Die Abschiebung hängt wie ein Damoklesschwert über den erkrankten Menschen. Es ist daher sinnvoll, psychische Krankheiten als Grund für einen humanitären Schutzstatus konsequent zuzulassen. Es muss Menschen, die beispielsweise unter Traumafolgestörungen leiden, ein Gefühl der Sicherheit gegeben werden, damit es ihnen möglich sein kann, das Trauma zu verarbeiten.

5.9.3 Bemerkungen zum aktuellen Stand der psychosozialen Versorgung

Eine derartige Ausgestaltung der psychosozialen Versorgung, Schulung von Verwaltungsbeamten und psychologischen Forschung verursacht Kos-

---

47 Vgl. Maercker 2013: 253, Reddemann/Fischer 2010.

ten. Im Sinne des gesellschaftlichen Zusammenhaltes und des Bedürfnisses nach körperlicher und geistiger Unversehrtheit sehen wir eine gesteigerte Investition in den Gesundheitssektor jedoch als gerechtfertigt an.

Derzeit ist ganz grundsätzlich eine Unterversorgung für Menschen mit psychischen Krankheiten zu konstatieren. Dies gilt sowohl für Ballungszentren wie Berlin als auch für den ländlichen Raum in Bayern. In Städten liegt dies vor allem an einer Begrenzung der Kassensitze, während im ländlichen Raum zu wenig psychosoziale Zentren für die Erstversorgung betrieben werden. Vor dem Hintergrund, dass aufgrund der gestiegenen Fluchtzuwanderung Menschen mit traumatischen Erfahrungen vermehrt psychosoziale Versorgung benötigen, ist es spätestens jetzt an der Zeit, die psychosoziale Versorgung generell auszubauen – auf personeller wie infrastruktureller Ebene.

Handlungsempfehlungen

Kurzfristig:

▶ Sensibilisierung der bayerischen Mitarbeiterinnen und Mitarbeiter in den Behörden während des Asylverfahrens, um Re-Traumatisierung zu verhindern;

▶ konsequente Aussetzung der Abschiebung für psychisch erkrankte Menschen und Zulassung psychischer Krankheiten als Grund für einen humanitären Schutzstatus.

Mittelfristig:

▶ eine bedarfsgerechte Ausbildung von Therapeutinnen und Therapeuten, die in der Muttersprache der Patienten Therapien anbieten und soziokulturell sensible Diagnosen durchführen können.

Langfristig:

▶ finanzielle und infrastrukturelle Förderung von sozialwissenschaftlicher und sozialpsychologischer Erforschung des Zusammenhangs von psychologischen Symptomen, individuellen soziokulturellen und gesellschaftlichen Bedingungen;

▶ Auflösung des Sonderstatus von Geflüchteten im Gesundheitssystem. Hierfür braucht es einen grundsätzlichen Ausbau der medizinischen Versorgung, um diesen Bedarf decken zu können.

6. Inklusion im Handlungsfeld Bildung

6.1 Gesellschaftsbildung – Wertebildung als gesamtgesellschaftliches Projekt

Eine plurale Gesellschaft birgt Potenzial auch für Konflikte.[1] Ein von gegenseitiger Anerkennung geprägtes Zusammenleben von Menschen mit ganz unterschiedlichen Lebensentwürfen und Wertvorstellungen kann gelingen – aber es gelingt nicht von selbst. Gesellschaft muss gemacht werden. Ein gelingendes Zusammenleben erfordert die Bereitschaft, sich dem Anderen zu öffnen, sich auch selbst zu bewegen und einzubringen. Alle Mitglieder der Gesellschaft sind gefordert, Verantwortung zu übernehmen. Multiple Identitäten bieten dabei multiple Anknüpfungspunkte über gesellschaftliche Gräben hinweg. Eine Ethik des Zusammenlebens muss diese produktiv machen.

Ein kritischer Wertediskurs darf die sozioökonomische Dimension von gegenwärtigen gesellschaftlichen Konflikten nicht aus den Augen verlieren. Es besteht sonst die Gefahr, Konflikte, die etwa durch soziale Ungleichheit geschürt werden, fälschlicherweise zu »kulturalisieren«. Kulturalisieren meint zunächst, dass mehrere Ebenen eines Essentialismus eingeschlossen werden. Dabei handelt es sich um den Versuch, einer zumeist als fremd konstruierten Gruppe eine kollektive unveränderliche Kultur zuzuschreiben, aus der soziale, meist negativ bewertete Handlungen einzelner Personen erklärt werden sollen. Das Fatale ist jedoch, dass Kulturalisierung auf Objektivierung drängt und faktisch nur auf Stereotype zurückführt. Das verstellt den Blick auf die individuelle Situation, den Kontext und die jeweilige Person, wodurch die Selbstbestimmung der Einzelnen negiert und der Dialog zwischen Menschen verhindert wird.

Dementgegen kann eine Wertebildung einen sinnvollen Beitrag dazu leisten, Konflikte abzubauen und den gesamtgesellschaftlichen Zusam-

---

1 Vgl. El-Mafaalani 2018.

menhalt nachhaltig zu stärken und dabei auch der individuellen Selbstbestimmung gerecht zu werden. Hierzu bedarf es einer politischen Bildung, die nicht auf eine einseitige Wertevermittlung zielt, sondern praktische Social Skills vermittelt, derer es für ein gelingendes Zusammenleben in pluralen Gesellschaften bedarf.

6.1.1 Gemeinsame Wertebildung

Wertebildung als gesamtgesellschaftliche Herausforderung – statt einer einseitig geforderten »Wertevermittlung« an Neuankommende – ebnet den Weg zu einer inklusiven Gesellschaft.[2]

Trotz aktueller Werterhetorik herrscht in der Sache große Unklarheit, was eigentlich Werte, geschweigen denn »unsere Werte« sind und welchen Stellenwert persönliche und allgemeine Werte im Gegensatz zu Normen, kulturellen Konventionen und Regeln des Alltags haben. Es herrschen auch Missverständnisse und falsche Vorstellungen darüber, ob und wie sich Werte bilden (lassen) und wie nicht.[3] Normen und Werte sind umso schwerer zu beschreiben und als wertvoll zu erfahren, je selbstverständlicher sie vorausgesetzt, aber nicht gelebt oder nicht gefährdet sind.[4]

So gelten zum Beispiel Freiheit oder Menschenwürde als zentrale, »westliche Werte«, werden aber häufig nur als abstrakte Leerformeln verwendet. Migrierte oder Geflüchtete, auch wenn sie aus einem Sprachraum kommen, in dem es zum Beispiel keine abstrakten Begriffe für »Freiheit« oder für das Konzept universaler Menschenwürde gibt, können aber dennoch sehr wohl um den Wert der (Wahl-, Meinungs- und Bewegungs-) Freiheit wissen und genau zwischen menschenwürdigem und unwürdigem Verhalten unterscheiden. Das Phänomen und der grundlegende Wert menschlicher Freiheit oder Würde erweisen sich in Gespräch und Austausch als unabhängig von der jeweiligen Herkunft und Sprache und sind hinsichtlich ihres normativen und allgemeinen Werts gut übersetzbar.[5]

---

2 Vgl. Hutflötz 2018.
3 Vgl. Frey 2016.
4 Vgl. Joas 1999.
5 Vgl. die langjährig erprobte Methode des »Interkulturellen Pendelns«, wie entwickelt bei Refugio e.V. München und dargelegt von Abdallah-Steinkopff/Akhtar 2015.

Auch wenn Menschen im Einzelnen sehr diverse Normvorstellungen, soziale Regeln und Verhaltensgewohnheiten zu einem bestimmten Zeitpunkt haben, lohnt und gelingt Wertebildung als gemeinsame Besinnung auf den Gehalt und die Gemeinsamkeit grundlegender Werthaltungen in Zukunft. Unter der Leitfrage »Wie können wir gut und gerecht zusammenleben?« erwächst, wenn dies angeleitet wird als gemeinsames, philosophisches Gespräch mit existenziellem Bezug zu den Erfahrungen und Wertbindungen der Einzelnen, im Idealfall eine gemeinsame Basis des Miteinanders in Austausch und Reflexion.[6] Das kann nur als gesamtgesellschaftliches Projekt gelingen, das alle – nicht nur die Geflüchteten oder Migrierten, sondern gerade die seit Langem hier Lebenden – betrifft und mit einbezieht: Als Chance zu einer gemeinsamen Wertebesinnung auch »mit fremdem Blick«[7], zum Beispiel auf die Inhalte verfassungsverbürgter Grundwerte und Menschenrechte.

Diese nicht nur wörtlich wiederzugeben, sondern sie in ihrer Werthaftigkeit zu erläutern und sie im Handeln zu bezeugen, insofern zu »übersetzen« für andere, ist eine Herausforderung des interkulturellen Dialogs und gelingt am besten als philosophische Reflexion auf die Gemeinsamkeiten und Unterschiede von menschlichen Wertvorstellungen, Ideen und Deutungen des Guten und Gerechten. Wenn das als sokratisches Gespräch in möglichst heterogenen Gruppen gut angeleitet wird – unter der Prämisse eines gemeinsam gehaltenen Aufmerksamkeits- und Anerkennungsraums –, dann gelingt Wertebildung und entfaltet sich politische Orientierungskraft. Denn nichts schafft – auch in globaler Perspektive betrachtet – mehr Verbundenheit als solche Art Austausch unter dem Primat gegenseitigen Verstehenwollens und im Bezeugen (statt Überzeugenwollens) von gelebten Werthaltungen.

Wertebildung kann – wie transdisziplinäre Forschung gut belegt – nur gelingen, wenn die Art und Weise methodisch berücksichtigt wird, wie Wertbindungen und -vorstellungen sich prinzipiell bilden.[8] Wertbindungen (oder ein vertieftes Verständnis wie eine Verpflichtung auf Grundwerte) entstehen und bilden sich nicht bewusst, nicht willentlich und nicht durch theoretisches Lernen und Belehren, sondern nur durch

---

6 Vgl. Zentrum für Globale Fragen 2017.

7 Müller 2009.

8 Vgl. Joas 1999, Joas 2006, Frey 2016: bes. § 27.

eigene Erfahrung oder bezeugtes Vorbild, bevorzugt in emotionalen Orientierungs- und Entscheidungssituationen. Konventionen und (Spiel-)Regeln des Alltags dagegen, ebenso wie gesetzlich-normative Handlungsvorgaben sind als Faktenwissen rasch und gut zu vermitteln, nicht aber grundlegende Werthaltungen im Sinn von handlungsleitenden Vorstellungen und Überzeugungen davon, was gut, wertvoll und wichtig ist. Was folgt daraus an konkreten Schritten und Kriterien einer demokratischen Wertebildung?

Voraussetzung des Gelingens ist ressourcenorientiertes Arbeiten und das Öffnen und Halten eines gemeinsamen Aufmerksamkeitsraums wechselseitiger Anerkennung im Umgang – idealerweise im Dienst einer gemeinsamen Sache, mit Blick auf ein Projekt oder einen gemeinsam zu gehenden Weg oder eine Aufgabe als Gruppenziel oder -zweck des Zusammenlebens in Zukunft. Ohne eine solche Perspektive und gemeinsames Ziel oder Sache, um die es allen (zumindest zeitweise) wirklich geht, lassen sich Menschen kaum auf Wertebildungsprozesse ein. Auch das ist ein Argument gegen die gängige Abschiebe- und Segregationspolitik in Deutschland, die Wertebildung als Weg der Integration und Bedingung der Möglichkeit guten Zusammenlebens im Kern verhindert.

6.1.2 Plurale Wertebildung am konkreten Beispiel

Die bloße Anwesenheit von religiös-kultureller Heterogenität ist kein Garant dafür, dass sich Bürgerinnen und Bürger begegnen und Vorbehalte abbauen. Begegnung meint an dieser Stelle die persönliche Bereitschaft zu Offenheit und persönlichem Austausch, um der Perspektive des Gegenübers zuzuhören und zur Selbstreflexion bereit zu sein.

Obgleich die Migration und die Sozialisation von Bürgerinnen und Bürgern muslimischen Glaubens kein Novum mehr in der Bundesrepublik darstellt, verdeutlicht die Sonderauswertung des Religionsmonitors 2015 der Bertelsmann Stiftung zum Themenfeld »Islam und Muslime«, dass weiterhin Vorbehalte existieren. Diese Studie hat deutlich gezeigt, dass die Hälfte aller befragten Bürgerinnen und Bürger ein negatives Bild von Musliminnen und Muslimen sowie des Islams hat.[9] Des Weiteren ist das Themenfeld »Islam und Muslime« geprägt durch die derzeitigen gesell-

---

9   Vgl. Hafez/Schmidt 2015, Achour 2018: 40.

schaftspolitischen Diskussionen zu Flucht und Migration:»Insbesondere im Kontext von Flucht, Migration und Islam überlagern sich [...] – recht undifferenziert – die Migrations- und die Islamdebatte, und Menschen mit Migrationsbezügen werden mit Menschen muslimischen Glaubens gleichgesetzt. In diesem Duktus werden soziale und politische Probleme kulturalisiert und sammeln sich in Zuschreibungen wie kriminell, bildungsfern, segregiert bis hin zu demokratiefern und radikalisiert.«[10] Konkret kann man formulieren, dass diese negativen Zuschreibungen mit vermeintlich kulturellen Prägungen begründet werden, sie jedoch faktisch auf Stereotype zurückzuführen sind. Dies wiederum verstellt den Blick auf die individuellen Situationen und Kontexte der einzelnen Bürgerinnen und Bürger.

Damit jedoch die unausweichlichen Konflikte in der zukünftigen Vielfaltsgesellschaft moderiert werden können, sind Begegnungen von möglichst vielen Bürgerinnen und Bürgern in heterogenen, gemischten Settings und Formen des Austauschs notwendig. Dafür sind Begegnungsfelder zu erschließen, in denen Kompetenzen des Aushandelns, der Begegnung und Modi der kooperativen Lebensführung gefunden werden können, die das gesellschaftliche Spannungsfeld zwischen Fremdheit und Beheimatung in konstruktive Handlungsstrategien kanalisieren und Gemeinsinn produzieren.

Ziel ist zivilgesellschaftliches Handeln von vielen zu ermöglichen und gemeinwohlorientierte Haltungen zu generieren. Diese Aushandlungsprozesse tragen das Potenzial in sich, den Akteurinnen und Akteuren zu vergegenwärtigen, dass fortwährende, begleitete, qualitative, an Kriterien orientierte und auf Empathie setzende Begegnungen immer wieder anzuleiten und einzuüben sind. Erst dadurch kann ein konstruktives und konfliktbewusstes Miteinander erreicht werden, das Respekt, Vertrauen und die gegenseitige Anerkennung eines anderen religiösen Hintergrunds und weltanschaulichen Bekenntnisses fördert.

Handlungsempfehlungen

▶ Es spricht nichts dagegen und vieles dafür, dass alle Kinder und Jugendliche egal welcher Herkunft in gemeinsamen Gruppen oder

---

10 Achour 2018: 42. Zur Vermengung der hier genannten Themen vgl. Spielhaus 2011.

Klassen zu Reflexion und Austausch über grundlegende Werte
und Normen, Grundrechte und -pflichten angeregt und zu phi-
losophischen Gesprächen angeleitet werden, um damit Haltung
und Methode der Wahl gemeinsamer Wertbildung zu üben und
als primäre Sozialkompetenz für den Konfliktfall kennenzulernen.
Ausgehend von eigenen Wertekonflikten, die in seltensten Fällen
»kulturell«, sondern vielmehr individuell bedingt sind, kann man
sehr gut Formen des respektvollen Umgangs und Wege aus der
Ohnmacht im Konfliktfall üben und vermitteln.

▶ Inklusive Modelle gemeinsamer Wertbildung vor allem in Kitas
und Schulen sind mit Blick auf eine zukunftsfähige und gerechte
Gesellschaft zu empfehlen, statt bisheriger exkludierender Maßnahmen zur »Wertevermittlung« für geflüchtete oder migrierte oder
nur aufgrund des Namens oder der Elternherkunft mit »Migrationshintergrund« stigmatisierte Kinder: Wenn diese von vornherein
durch die Maßnahmenlogik und Fokussierung auf die Zielgruppen
der Migranten(-kinder) bereits durch die Maßnahmen exkludiert
und damit erst mal als nicht zugehörig und nicht teilhabeberechtigt,
da wertebildungsbedürftig stigmatisiert werden, verursacht das das
Gegenteil von Gemeinsinnentwicklung und verhindert regelrecht
eine gemeinsame Wertebildung.

▶ Konkret heißt das auch, dass Wertebildung in der Schule die
Zusammenlegung einer Regelklasse mit einer Deutsch- oder Inte-
grationsklasse verlangt – was ergänzend zur aktuellen Einführung
des Schulfachs »Werteerziehung« eingeführt und etabliert werden
kann, statt dieses exklusiv nur für Deutsch- oder Integrations-
klassen anzubieten. Denn damit wird unterstellt, dass diejenigen
Menschen, die zufällig hier geboren sind, (gute) »Werte« haben, die
anderen aber nicht. Solche Ausschluss- und Abwertungspraktiken
als gruppenidentitäres, kulturalisierendes Zuschreiben wirkt sich
besonders bei Kindern ungut und Trotz generierend aus, bewirkt
also das Gegenteil. Daher ist von einer Wertevermittlung oder
-beschulung gezielt von Migrantenkindern in Grund- und Vor-
schulen, wie zum Beispiel in Bayern geplant, dringend abzuraten.
Vielmehr empfehlen wir die gezielte Umsetzung von empirisch ent-

wickelter Migrationspädagogik, wie maßgeblich von Paul Mecheril vertreten.[11]

▶ Wertebildung mit Erwachsenen ist prinzipiell in gemischten Gruppen durchzuführen. Denn sie ist nachweislich nicht wirksam und effektiv als einseitige »Integrationsmaßnahme« einer angezielten Wertevermittlung in geschlossenen Gruppen für Migrierte und Geflüchtete.[12] Aus vielfältiger Forschung zur normativen Entwicklung ist bekannt, dass Praktiken gemeinsamer Wertebildung vor allem durch Begegnung und ernsthaften Austausch über das, was gemeinsam wertvoll und wichtig ist, gelingen.[13] Sie gewinnen durch interkulturellen Perspektivwechsel und gehen stets einher mit einer positiven Gemeinschaftsbildung und Gemeinsinnentwicklung. Empfohlen werden daher gemischte Gruppen hoher Diversität – idealerweise um den Kontakt und Austausch zu gewährleisten von neu Ankommenden und länger schon hier lebenden Menschen –, statt einseitig versuchtem Unterrichten von Werten im Sinne bisheriger Wertevermittlung, wie sie in Bildungs- und Integrationsmaßnahmen durchgeführt werden.

▶ Politische Bildung ist als Teil der Schulbildung zu implementieren, um Wertebildung nach Maßgabe von Haltung und Methoden der politischen Bildung und Demokratieerziehung zu etablieren.[14] Denn Wertebildung geht faktisch nicht als Werte- oder Ethikunterricht in Form theoretischer Vermittlung, noch als Gedankenexperiment oder diskursiv-argumentatives Reden »über« Werte, sondern braucht interaktive und kreative Methoden, Anleitung zu gemeinsamer Erinnerung und Erzählung davon, was einer Person und Gruppe als wertvoll und wichtig begegnet ist, wofür sie dementsprechend steht und was ihr mehr zählt als anderes. Sich auf

---

11 Vgl. Mecheril et al. 2010 sowie Mecheril 2013.

12 Siehe dazu Konzept und Durchführung einer Fortbildungsreihe für Mulitplikatorinnen und Multiplikatoren, die seit 2016 an der Hochschule für Philosophie in München stattfindet zu »Wie zusammen leben? Wertebildung interkulturell!«, die das exemplarisch zeigt: Vgl. Zentrum für Globale Fragen 2018b.

13 Vgl. Zentrum für Globale Fragen 2017.

14 Vgl. beispielhaft die Konzepte, die deutschlandweit entwickelt werden zur Wertebildung im Rahmen des Verbunds »Empowered by Democracy« (vgl. Evangelische Trägergruppe für gesellschaftspolitische Jugendbildung 2018, Empowerded by Democracy 2018).

dieser Ebene auszutauschen, macht Werthaltungen wechselseitig transparent, fördert interkulturelles Verständnis und schafft einen gemeinsamen Raum der Anerkennung, in dem eine gemeinsame Wertebildung dann geschieht. Denn Werte sind nicht »lernbar«, sondern bilden und ändern sich als Werthaltungen in und durch persönliche Entscheidungssituationen und Orientierungserfahrungen. Daher kommt es darauf an, sich auf persönliche Wert-Erfahrungen und erfahrene Wertekonflikte selbstreflexiv und emotional zu beziehen.[15] Und erst so von Werten und Normen, deren Gewicht und Bedeutung zu sprechen, heißt sich auf Wertebildungsprozesse einzulassen und diese gut anzuleiten – auch für Menschen unterschiedlicher Herkunft und kultureller Prägung.

▶ Es bedarf pädagogisch spezifisch ausgebildeter Lehrkräfte zur Wertebildung. Profil und Kriterien der Anforderung an diese sind unserer Empfehlung nach: viel Erfahrung mit heterogenen Gruppen und Klassen, Aus- oder Fortbildung in Diversity Education und idealerweise eine Zusatzqualifikation in Philosophischer Gesprächsführung, in Konfliktcoaching und vor allem leiblich-vorsprachliche Methoden (zum Beispiel künstlerischer oder theaterpädagogischer Art) zu haben. Denn Kriterien gelingender Wertebildung, nicht nur, aber auch im Kontext von Flucht und Migration, sind das Primat der Erfahrung und bevorzugt vorsprachlich-leiblicher statt diskursiver Methoden. Zudem sollte bei eigenen Werteerfahrungen und -konflikten angesetzt werden, im Sinne des Dreischritts interkultureller Wertebildung: (1.) gute Anleitung zur Selbstreflexion, dann (2.) Dialog und Austausch zu Werterfahrungen mit wechselseitigem Feedback und schließlich (3.) eine gemeinsame, ethische Reflexion im Plenum, über gemeinsame Prinzipien und Werte des Zusammenlebens.

▶ Kernstück pädagogischer Professionalität ist die Fähigkeit zur intersubjektiven Anerkennung in ihren unterschiedlichen Formen. Aber die Kultivierung dieser Fähigkeit erfordert die systematische Aufarbeitung der eigenen Erziehungs- und Bildungsbiografie.[16] Diese personalen Voraussetzungen und Professionalisierung von

---

15 Vgl. dazu auch Legrand 2018: 6ff.

16 Vgl. Stojanov 2006.

Fachkräften zur Wertebildung sind unbedingt empfehlenswert und erst mittelfristig zu schaffen, da es in dem Feld derzeit noch fehlt an Haltung und Methode der Wahl für Multiplikatorinnen und Multiplikatoren sowie für pädagogische Fachkräfte.[17]

▶ Damit jede junge Person dieser Gesellschaft und insbesondere in Bayern die Möglichkeit bekommt, Menschen zu begegnen, die bis dato nicht in der eigenen Lebensrealität wahrgenommen wurden, was maßgeblich zur Persönlichkeits- wie Gemeinschaftsbildung beiträgt, wäre es empfehlenswert, ein freiwilliges Bayerisches Soziales Jahr (BSJ) für alle Jugendlichen und junge Erwachsene in Bayern einzuführen. Die Erfüllung dieses Dienstes sollte mit entsprechenden Anreizen in der Weiterqualifizierung (Universität, Ausbildung und so weiter) ausgestattet sein, sodass dieses Jahr für Jugendliche und junge Erwachsene aller Milieus interessant wird.

6.2 Bildungsgerechtigkeit

Bildungsungleichheit ist in Deutschland so ausgeprägt wie in kaum einem anderen Land der OECD.[18] Dies ist zu erklären durch soziale und bildungsbezogene Ungleichheiten, aber auch durch den Migrationsbezug der Herkunftsfamilie.[19]

Ursache für diese doppelte Benachteiligung von Migrantinnen und Migranten im Bildungssystem sind also (1.) soziale und (2.) migrationsbezogene Diskriminierung im Bildungssystem. Dies ist weder neu[20] noch ist es in Vergessenheit geraten.[21] Für Geflüchtete wird das Problem der Bildungsungleichheit abermals verschärft, insofern als weitere Komplexe bildungsbezogener Diskriminierung für sie vor allem (3.) rechtliche Beschränkungen und nicht selten (4.) subjektive Belastungsmomente (Traumatisierung und anderes) hinzukommen.[22]

---

17 Vgl. den Abschnitt »6.3 Professionalisierung von Lehrkräften«.
18 Vgl. Reiss et al. 2016: 285ff., OECD 2015.
19 Vgl. Kracke/Buck/Middendorf 2018: 7f.
20 Vgl. Boudon 1974, Bourdieu/Passeron 1971, Baumert/Schümer 2001.
21 Vgl. Autorengruppe Bildungsberichterstattung 2018, Reiss et al. 2016.
22 Vgl. Böhmer 2018, Böhmer 2016.

Diese Ungleichheit im Zugang zu Bildung und Bildungszertifikaten ist aufgrund der meist weit unterschätzten Lernfähigkeit und des grundsätzlich auf Entwicklung hin »offenen« Wesens[23] der Menschen in keiner Weise begründet und legitim, und hat weitreichende Konsequenzen der Benachteiligung für diejenigen Individuen, die auf diese Weise von bestimmten Berufen und Ressourcen ebenso wie gesellschaftlichen Positionen und Möglichkeiten der Lebensführung ausgeschlossen werden. Aber auch die gesellschaftlichen Konsequenzen sind bedeutend, weil auf diese Weise Arbeitskräfte und -qualifikationen nicht im möglichen Umfang und in der nötigen Qualität entwickelt werden. Außerdem wird gesellschaftliche Solidarität untergraben, insofern sich die Annahme einer offenen Gesellschaft und Berufswahl sowie das solidarisierende Leistungsversprechen (»Leistung lohnt sich für alle«) als nicht realistisch erweisen.

Wer daher Bildungsungleichheit bearbeiten möchte, um individuelle Chancen, soziale Ressourcen und gesellschaftlichen Zusammenhalt zugleich zu fördern, muss die Ursachen von Bildungsungleichheit und Maßnahmen für mehr Bildungsgerechtigkeit in den Blick nehmen.

Dabei zeigen ausgesuchte Befunde der Bildungsforschung, dass institutionelle Diskriminierung bereits in die Struktur des Bildungswesens eingewoben ist,[24] dass sprachliche Differenzen Ursachen von Benachteiligungen im Bildungswesen sind, aber nicht sein müssen,[25] und dass sich die soziale Herkunft überdurchschnittlich häufig auf den Bildungserfolg auswirkt. Für geflüchtete Kinder und Jugendliche kommt hinzu, dass sie mitunter nicht über geeignete Orte zum Lernen zu Hause verfügen oder durch die Unterbringung in Ankerzentren gleich ganz vom Besuch regulärer Schulen ausgeschlossen werden. Außerdem steht in der Schule in der Regel nicht genügend sprachliche und pädagogische Kompetenz für die Arbeit mit fremdsprachigen und oft traumatisierten Schülerinnen und Schülern zur Verfügung. Ebenso wenig bereitet die Lehrerbildung derzeit hinreichend auf die Arbeit mit Gruppen hoher Diversität vor, was eine Professionalisierung von Lehrkräften in dieser Hinsicht erfordert.[26]

---

23 Vgl. Hutflötz 2017.
24 Vgl. Gomolla/Radtke 2009.
25 Vgl. Gogolin 2015, Gogolin 2008, Gogolin et al. 2011.
26 Vgl. den Abschnitt »6.3 Professionalisierung von Lehrkräften«.

Handlungsempfehlungen

Konkret ist erforderlich, Bildungsstrukturen migrations- und flucht-
sensibel umzustrukturieren. Das bedeutet im Einzelnen zum Beispiel:

- ▶ multiprofessionelle Teams in Kita und Schule (Erzieher, Lehrerinnen, Sozialarbeiter, Inklusionskräfte);
- ▶ zusätzliche Fachkräfte in der Einrichtung (Psychologinnen und
  Psychologen etc., analog zum »Ärztehaus«-Modell);
- ▶ inklusive Elternarbeit durch mehrsprachige Elternbriefe oder
  Elternabende;
- ▶ ziel- und zeitdifferenzierte individualisierte Bildungsprozesse in
  Kita und Schule;
- ▶ migrationsbezogene Aus- und Weiterbildung von Erzieherinnen
  und Erziehern, Lehr- und weiteren pädagogischen Fachkräften;
- ▶ Erhöhung der sozialpädagogischen Fachkräfte (mit Zusatzqualifikation für die inklusive Arbeit mit pluralen Zielgruppen) im
  Kita- und Schulalltag.
- ▶ Langfristig ist die Schulpädagogik den neuen Herausforderungen
  entsprechend weiterzuentwickeln, durch:
  - – eine veränderte Bildung aller Pädagoginnen und Pädagogen,
    die Kompetenzen für inklusives Handeln in einer heterogener
    werdenden Gesellschaft vermittelt; sowie
  - – deutlich kleinere Gruppen und Klassen, da diese unter inklu-
    siver Hinsicht die Bildungsprozesse aller Kinder (ungeachtet
    dessen, ob Flucht- oder Migrationsbezug besteht oder nicht)
    befördern;
- ▶ Öffnung von Schulen und Übergängen durch mehrsprachige Informationen, Beratungspersonen und Anlaufstellen.
- ▶ Ermöglichung von sprachlichen und soziokulturellen Mehrfachzu-
  gehörigkeiten anstelle kulturalisierender Zuordnungen und implizit
  (ab-)wertender Zuschreibungen (zum Beispiel durch Informationen
  über und Praxis von unterschiedlichen kulturellen »Eigenheiten«).
  Dies muss im Sinne der Bildungsgerechtigkeit erfolgen, da für
  bestimmte Herkünfte die Mehrfachzugehörigkeit weder ein Problem noch eine Bildungsbarriere darstellt, für andere (zum Beispiel
  für Kinder türkischer Herkunft) dagegen schon.

▶ Bildungshäuser für Kita- und Grundschulkinder gemeinsam, um auf diese Weise frühe »Selektionen« zu vermeiden und die Übergänge zwischen den Bildungsinstitutionen flüssiger zu gestalten;

▶ Primat alltagsnaher Methodik und Didaktik durch sozialräumliche Erkundungen und Lernformen aller Schülerinnen und Schüler;

▶ Wandel der Schulkultur durch verbindliche Mitbestimmungsformen, etwa durch Klassen- und Schulkonferenzen;

▶ intensivierte Kooperation von Schulen mit Ausbildungsbetrieben und Kammern;

▶ Sicherstellung eines bedarfsgerechten Schulunterrichts in regulären Klassen für alle Kinder.

Dies alles gilt vor dem Hintergrund der weiteren Notwendigkeiten der Arbeitsmarktpolitik, des gesellschaftlichen Zusammenhalts, der Paradigmen der Inklusion und den Unterstützungen in den Kommunen.[27]

6.3 Professionalisierung von Lehrkräften als Schlüsselstellen der Inklusion

Lehrkräfte – sei es in Sprach- und Integrationskursen oder im (berufs-) schulischen Kontext – sind von entscheidender Bedeutung für gelingende »Integration« beziehungsweise Inklusion, die sich nicht zuletzt am Bildungserfolg und an der faktischen Teilhabe der Einzelnen wie am Gelingen eines tragfähigen Miteinanders, eines sozial konstruktiven Handelns und politischen Gestaltens in einer pluralen Gesellschaft bemisst. Eine Schlüsselrolle für individuellen Bildungserfolg, Werte- und Persönlichkeitsbildung, für Sozialisation und beruflichen Werdegang kommt nach diversen Studien[28] aber Lehrkräften zu. Das gilt vor allem für diejenigen, die tätig sind im Umfeld von Flucht und Migration, da sie oft einzige Kontakt- und Bezugspersonen für die sozial oder familiär isoliert Angekommenen sind und insofern auch repräsentative Funktion für die deutsche Mehrheitsgesellschaft haben.[29]

---

27 Vgl. die Abschnitte »5.4 Arbeitsmarktzugang für Geflüchtete?«, »4.1 Wie zusammenleben?« und »4.9 Unterstützung der Kommunen«.

28 Vgl. Hattie 2013, Fröhlich-Gildhoff 2017.

29 Vgl. SchlaU-Werkstatt für Migrationspädagogik 2018.

Diese anspruchsvolle Brückenfunktion der Lehrkräfte für die Orientierung, für das Finden und Gelingen von guten Wegen der Integration, schlägt sich bisher aber weder in der Besoldung noch in den Anforderungen zur Besetzung neuer Stellen in dem Bereich nieder. Vielfältige Kompetenzen, die für die Aufgaben von Lehrerinnen und Lehrern heute notwendig sind, werden bislang weder gefordert noch gefördert und sind nicht als Einstellungsvoraussetzung präsent. Dazu gehört vor allem sehr viel Erfahrung beim Leiten sehr heterogener Klassen, ein professioneller Umgang mit (nicht nur interkulturellen) Konflikten und mit der Herausforderung, dass etliche Schülerinnen und Schüler durch Fluchterfahrungen traumatisiert sind. Um dem nicht nur gewachsen zu sein, sondern Konflikte positiv als Bildungsort zu nutzen, und Diversität sowie kulturelle Heterogenität als Ressource in einer Klasse zu verstehen und sie insofern als Chance und Mehrwert zu vermitteln, bedarf es spezieller Zusatzqualifikationen – wie eine Fort- oder Ausbildung in Konfliktcoaching oder -management, in Diversity Education und Persönlichkeitsbildung, idealerweise auch in Politischer Bildung und Philosophischer Gesprächsführung, da es zentral darum geht, allgemeine Orientierungskompetenz und politisches Urteilsvermögen sowie Mündigkeit durch reflexive Lehrmethoden zu vermitteln.

Bislang aber finden die genannten Qualitätskriterien der Aus- und Fortbildungen von pädagogischen Fachkräften in dem Feld kaum Aufmerksamkeit, obwohl man von dem Bedarf aus Studien und aus den gesammelten Erfahrungen der Lehrkräfte in den letzten Jahren weiß.[30] Im Gegenteil: Die pädagogischen und sozio-ökonomischen Bedingungen sind prekär, der Status vieler Lehrkräfte ist gering – gerade im Deutsch-als-Fremdsprache-Bereich (DaF), ebenso in Grund-, Berufs- und Mittelschulen (die am meisten im Kontext von Flucht und Migration gefordert sind). Zugleich haben sie am wenigsten Anspruch auf Fort- und Weiterbildungen; dieser ist zum Beispiel im Vergleich noch weit unter dem von Sozialpädagoginnen und -pädagogen, die beratend in dem Feld tätig sind.[31] Das führt dazu, dass sich immer weniger qualifizierte Lehrkräfte finden, und es führt zu hoher Fluktuation in einem Feld, in dem Erfahrung eine solch wichtige Bedeutung hat.

---

30 Vgl. Fraktion Bündnis 90/Die Grünen im Landtag NRW 2016.
31 Vgl. Gottuck et al. 2019.

Sowohl in der Lehrerbildung als auch in der Lehrtätigkeit ist diese Berufsgruppe besonders hohen Anforderungen – sowohl fachlich als auch persönlich – ausgesetzt, da sie auf alle gesellschaftlichen Herausforderungen vorbereitet sein soll, zugleich aber auch ungleich viel Verantwortung trägt für die zukünftigen Entwicklungen in Staat und Gesellschaft. Gerade Lehrkräfte, die mit der Zielgruppe der Geflüchteten – seien es Kinder oder Erwachsene – zu tun haben, sind, wie vielfach dargelegt, in hohem Maß Ansprechpartnerinnen und Ansprechpartner für die Betroffenen in allen Belangen der Inklusion, oft maßgebliche Vorbilder und Repräsentanten für die hiesige Gesellschaft. Nicht zuletzt liegt zumeist auf ihren Schultern die gesamtgesellschaftliche Aufgabe der Demokratie- und Wertebildung.[32] Gerade mit Blick auf die genannten Anforderungen und vor allem hinsichtlich der stetigen, aber nicht länger hinzunehmenden Belastung der Lehrkräfte, wird die Relevanz der nachfolgend empfohlenen Maßnahmen zur Professionalisierung in der Aus-, Fort- und Weiterbildung von Lehrerinnen und Lehrern deutlich.

Handlungsempfehlungen

► Empfohlen wird grundsätzlich ein bildungspolitischer Dreischritt: (1.) eine signifikante Erhöhung der Lehrkräfte; (2.) eine gezielte wie flächendeckende Erweiterung und Spezifizierung der Lehreraus-, -fort- und weiterbildung hinsichtlich Persönlichkeitsbildung und Demokratieerziehung mittels Diversity Education und Konfliktmanagement; und (3.) die Implementierung von Supervision und Coaching für Lehrtätige in allen Schulformen. Was in Verwaltung und Wirtschaft selbstverständlich ist, und selbst für alle sozialen und pädagogischen Berufsgruppen, die qualitativ mit Menschen arbeiten, inzwischen die Norm ist, gilt für Lehrerinnen und Lehrer aber leider noch kaum, gerade im schulischen Kontext oft gar nicht: ein Angebot etablierter Reflexionsformate zur Unterstützung der Lehrkräfte, wie regelmäßiger Anspruch auf Supervision, Intervision und Coaching. Das könnte aber der allseits bekannten Überlastung im Lehrberuf entgegenwirken und den Status der Lehrkraft sowie die Qualität von Unterricht und Lehre signifikant verbessern.

---

32 Vgl. Bertelsmann Stiftung 2016 und den Abschnitt »6.1 Gesellschaftsbildung«.

▶ Ziel wäre es, deutlich mehr in Menschen statt wie bisher in Maßnahmen zu investieren (wie die Entwicklung von Curricula, auf-
wendige Unterrichtsmaterialien, technische Ausstattung). Wie man
aus der Forschung weiß[33], hängt der persönliche, soziale und sogar
fachliche Lernerfolg weit weniger von der Qualität von Lehrplä-
nen, Didaktik und methodischer Vorgaben, noch von aufwendigen
Unterrichtsmaterialien oder technischer Ausstattung ab, sondern
steht und fällt mit der Person der Lehrkraft und ihren Vermitt-
lungskompetenzen, mit ihren persönlichkeits- wie teambildenden
Fähigkeiten.

▶ Empfohlen wird eine deutliche Aufwertung der Arbeits- und Aus-,
Fort- und Weiterbildungsbedingungen von Lehrkräften gerade
als Leiterinnen und Leiter von Integrations- und Sprachkursen:
Sowohl materiell bedarf es einer Aufwertung des Berufsstands im
Hinblick auf höhere Besoldung, bessere Arbeitsbedingungen und
Zugang zu qualitativen Fortbildungen. Der aktuelle Mangel an
qualifizierten Lehrkräften und auch deren permanente Überlastung
ist ein im pädagogischen Feld und in der Bildungspolitik heftig
diskutiertes Thema.

▶ Folgende konkrete Schritte wären nötig, um eine Methodenerwei-
terung und neue Standards für Best-Practice in der schulischen
Lehre zu implementieren für die (Aus-/Fort-)Bildung wie Neueinstellung und Rekrutierung geeigneter Lehrkräfte: Aufnahme
von Diversity Education, kultursensibler Persönlichkeitsbildung
und Gruppendynamik-Aus-/Fortbildungen in der Lehrerbildung
in allen Schulformen, anstelle des bisherig einseitigen Fokus auf
methodisch-didaktische Tools und inhaltlich-fachliche Kompetenzen: Dazu wäre es nötig, die (meist außeruniversitäre) Expertise aus
professionellem Coaching und Teambuilding, aus Konfliktcoaching
und Mediation sowie erprobte Praktiken der Diversity Education
und politischen Bildung in die bisher davon kaum tangierte Leh-
rer(aus-/fort-)bildung mit einzubeziehen. Das verlangt finanzielle
Mittel anderer Art, neue Zugänge, Kooperationen und Synergien
mit innovativen Bildungsakteuren, aber auch die Definition jener

---

33 Vgl. nicht zuletzt Hattie 2013: Kap. 7.

Belege für die meist außeruniversitäre Expertise, die sich ja oft nicht in Zertifikaten abbildet.[34]

▶ Zugleich sollten den Lehrkräften, die bereits im Dienst sind, solche Zusatzqualifikationen als notwendig für die Qualität ihrer Arbeit zugänglich gemacht und finanziert werden.

▶ Es wird empfohlen, folgende Qualifikationen und Kompetenzen als Voraussetzungen der Lehrereinstellung sowie als Qualifizierungsstandards zu etablieren: zum Beispiel eine Systemische Coachingausbildung, Fortbildungen zu Diversity Education, professionelle Gruppenleitung und Fortbildungen zu Gruppendynamik, zu Gesprächsführung, Mediation, Persönlichkeitsentwicklung und Wertebildung.

▶ Es wird empfohlen, dringend qualitative Kriterien (statt bisher meist nur quantitativer Art, wie Note des Studienabschlusses) für die Neueinstellung und Rekrutierung geeigneter Lehrkräfte im Dienst gelingender Inklusion als maßgeblich zu formulieren und mittelfristig zu implementieren. Diese wären: (1.) ein primäres Interesse an Menschen und deren individueller Entwicklung[35]; (2.) Basiskompetenzen wie Neugier, Lernfreude und Reflexionsfähigkeit in der Begegnung mit dem Fremden; (3.) Fokus auf kreative und partizipative Lehrmethoden und Erfahrungen damit im Umgang mit Gruppen hoher Diversität; (4.) Offenheit für ethische und existenzielle Fragestellungen; (5.) Einsatz von und Erfahrung mit erprobten Praktiken und interaktiven Methoden der politischen Bildung; (6.) sozialräumliche Expertise, durch die didaktische Prozesse in den Alltag der Lernenden hinein »übersetzt« werden können.

▶ Es wird auch dringend empfohlen, mit deutlich kleineren Gruppen als bisher (maximal 16 Teilnehmende) zu arbeiten; zudem räumlich stabile wie gut geeignete Lernumfelder zu gewährleisten, im Dienst

---

34 Vgl. den Abschnitt »5.5 Kompetenzorientierte Anerkennung«.

35 Auch wenn sich das schwer messen, aber doch in einem qualitativen Bewerbungsverfahren oder Einstellungsgespräch gut beurteilen lässt, gibt es keinen Grund, dieses wesentliche und hier als primär benannte Kriterium so gut wie gar nicht bei der Einstellung von Lehrkräften zu berücksichtigen. Stattdessen zählen bisher Prüfungsnoten theoretischer Examina, deren Aussagegehalt für die Lehrbefähigung aber genau genommen gering ist im Hinblick auf die dafür geforderten Kompetenzen.

einer Anerkennung der zentralen Bedeutung von Bildungsarbeit für individuelle Biografien und für den Weg der Gesellschaft im Ganzen. Das erfordert mutige Investitionen und ein mittel- wie langfristiges Umdenken im Bildungsbereich. Aber nur so wird es gelingen, angesichts der Diskrepanz zwischen der bestehenden Lehrerbelastung und der Relevanz der hier geforderten Professionalisierungsmaßnahmen sozial- wie bildungspolitisch dringend nötige Weichenstellungen für die Zukunft zu ermöglichen.

6.4 Frühkindliche Bildung

Im Bayerischen Kinderbildungs- und -betreuungsgesetz (BayKiBiG) ist festgelegt, dass (1.) das pädagogische Personal alle Kinder entsprechend der Vielfalt des menschlichen Lebens unterschiedslos einbinden und individuell fördern soll (4. Teil, Artikel 11); dass (2.) allen Kindern durch die Bildungs- und Erziehungsarbeit in Kindertageseinrichtungen für Kinder bei besonderen Bedarfslagen eine gleichberechtigte Teilhabe am gesellschaftlichen Leben ermöglicht werden soll (4. Teil, Artikel 12; bei Migrantenfamilien in Verbindung mit dem Bayerischen Integrationsgesetz, Artikel 5 und 6); dass (3.) Kindern und Eltern notwendige Basiskompetenzen vermittelt werden, damit Kinder sich zu eigenverantwortlichen und gemeinschaftsfähigen Persönlichkeiten entwickeln können (4. Teil, Artikel 13); dass (4.) sich die Kindertagesstätten mit Förder- und Beratungsstellen zu vernetzen haben (4. Teil, Artikel 15) und dass (5.) zur Qualifizierung des Personals geeignete Fortbildungsmaßnahmen sicherzustellen sind (4. Teil, Artikel 17). Nicht zuletzt ermöglicht Artikel 29 in der Experimentierklausel innovative Konzepte zu erproben.

Die Grundlagen und Voraussetzungen für einen gleichberechtigten Zugang zur frühkindlichen Bildung, für die Schaffung von Rahmenbedingungen für eine individuelle Förderung, die Einbeziehung der Eltern durch eine Bildungs- und Erziehungspartnerschaft, für Inklusion und somit die Voraussetzung dafür, dass Verschiedenheit die Normalität ist und sich jede und jeder bestmöglichst entwickeln kann, sind somit durch das Bayerische Kinderbildungs- und -betreuungsgesetz gegeben und die Notwendigkeit sowie Methoden und Umsetzungsmöglichkeiten im Bayerischen Bildungs- und Erziehungsplan (BEP) ausführlich erörtert.

Für die Umsetzung des Gesetzes mit Blick auf Familien mit Migrationshintergrund und geflüchtete Familien braucht es entsprechende Maßnahmen, die in der Vergangenheit auch initiiert wurden: Sprachberatung, Sprachförderung, Sprachkitas, Rucksackprojekt, »Mama lernt Deutsch«-Kurse und andere. Diese Maßnahmen sind jeweils mit einem hohen Aufwand an Verwaltung und Organisation verbunden. Abwicklung, Abrechnung, Dokumentation und Monitoring sind vom Kitapersonal und von Trägerseite kaum oder nicht zu bewältigen.

Handlungsempfehlungen

Die praktischen Erfahrungen der Kitas zeigen, dass es für die Umsetzung des Bayerischen Kinderbildungs- und -betreuungsgesetzes und des Bayerischen Bildungs- und Erziehungsplans notwendig ist, dass

▶ eine qualifizierte personelle Ressource verlässlich und ständig vorhanden ist, die den Prozess der Inklusion im Blick hat;

▶ Fortbildungsbedarf der pädagogischen Fachkräfte im Blick auf interkulturelle Kompetenz besteht;

▶ durch niederschwellige Angebote für die Eltern das bestehende umfassende Beratungsangebot transparent gemacht und die entsprechenden Kontakte direkt hergestellt, Besuche und Termine ermöglicht werden;

▶ die Konzepte der Kitas weiterentwickelt werden: als Anlaufstelle für Familien und als aufsuchende Hilfe von Familien;

▶ die zeitaufwendige Vernetzungs- und Sozialraumarbeit der beteiligten Akteure geleistet wird, damit das breite Unterstützungsangebot für Familien wirksam wird.

▶ Diese personelle Ressource muss geschaffen werden durch eine Verbesserung des Anstellungsschlüssels und bedarf einer besonderen Qualifikation (Sprachberaterin, Elternbegleiter). Optionen hierfür sind: (1.) die Freistellung der Kita-Leitung für diese Aufgaben oder (2.) eine ständig präsente speziell gebildete Zusatzkraft.

In der Kita müssen ausreichende Begegnungs- und Beratungsräume für einen niederschwelligen Kita-Einstieg und weitere Unterstützungsmöglichkeiten vorhanden sein. Hier sind Extramittel für einen eventuell notwendigen Um- oder Anbau notwendig. Vernetzung, Individualität und Niederschwelligkeit brauchen Räume. Der einzige Ort, in denen Kinder,

Eltern und Fachkräfte über Jahre jeden Tag zusammen kommen, ist die Kindertagesstätte. Diese Ressource gilt es zu nutzen. Die positiven Rückmeldungen zu Elterncafés und niederschwelligen Beratungsangeboten im ganz normalen Kita-Alltag bestätigen dies.

Die bereits begonnenen Bundes- und Landesprojekte zu Sprache und Inklusion (Frühe Chancen, Pädagogische Qualitätsbegleitung, Rucksackprojekt, Mama lernt Deutsch, Elterntalk und andere) für alle Kinder und Familien werden verstetigt, um der heterogenen Bedarfslage der Familien gerecht zu werden und die Vorgaben aus Teil 4 des Bayerischen Kinderbildungs- und -betreuungsgesetzes zu erfüllen. Hierzu ist notwendig:

▶ Der Anstellungsschlüssel wird dauerhaft so verbessert, dass personelle und zeitliche Ressourcen für Inklusion für alle Familien zur Verfügung stehen.

▶ Eine zusätzliche qualifizierte Fachkraft für übergeordnete die Inklusion betreffende Aufgaben wie Konzeptentwicklung, Fortbildung, niederschwellige Angebote für Eltern, Herstellung von Transparenz der Unterstützungsangebote sowie deren Vernetzung wird eingestellt, gegebenenfalls aus einem Budget für Inklusion. Wenn die Kita-Leitung die notwendige Qualifikation hat, wird sie für diese Aufgaben freigestellt.

▶ Um Eltern zu informieren, Entwicklungsgespräche zu führen und Missverständnisse zu vermeiden, sind für geflüchtete Familien Sprachmittlerinnen und -mittler notwendig, die für ihre Aufgabe in der Kita vorbereitet werden. Die Finanzierung und Qualifizierung der Sprachmittlerinnen und -mittler muss sichergestellt werden.

▶ Erfahrungen aus dem Projekt »Starke Netzwerke Elternbegleitung für geflüchtete Familien« zeigen, dass niederschwellige Angebote wie Hausbesuche, Freizeitgestaltung, Mutter-/Eltern-Kind-Gruppe als Vorbereitung für den Besuch einer Kita und anderes den Zugang zur frühen Bildung unterstützen.

▶ Durch das Finanzausgleichsgesetz (FAG) werden Mittel für die Raumgestaltung (Ganztagsbetreuung, Eltern- und Familienbildung, Beratungs- und Unterstützungsangebote, Begegnungsmöglichkeiten) zur Verfügung gestellt beziehungsweise aufgestockt, damit die Kita entsprechende Räume als zentrale Anlaufstelle für heterogene Bedarfe schaffen kann; An- und Umbauten werden nach förderfähigen Flächen finanziert.

> ▶ Die zur Verfügung stehende Fachkraft und vorhandene Räume
> werden für alle Familien mit ihren individuellen Bedarfen genutzt,
> sodass Familien mit besonderem Unterstützungsbedarf als Nor-
> malität wahrgenommen werden und so auch geflüchtete Familien
> einen niederschwelligen Zugang zu vorhandenen Unterstützungs-
> angeboten haben. Dies gilt insbesondere für Angebote der Früh-
> förderung und der sozialen Beratungsstellen.

6.5 Neue Konzepte für gelungene Mehrsprachigkeit sowie Wieder-
einführung von muttersprachlichem Ergänzungsunterricht

Mehrsprachigkeit ist auch in Bayern Alltagsrealität von vielen Kindern
und ihren Familien. Die Förderung der Muttersprache bei Schülerinnen
und Schülern mit Migrationserfahrung erhält eine wichtige und wertvolle
Ressource und begünstigt eine gelungene Identitätsentwicklung. Studien
zeigen zudem positive Auswirkungen auf den Erwerb der Zweitsprache
und auf den Schulerfolg.[36] Als Voraussetzung für gelungene Mehrsprachigkeit gilt die gezielte Förderung durch Bildungsinstitutionen.[37]

Seit 2004 schaffte Bayern den muttersprachlichen Ergänzungsunterricht schrittweise ab, seit dem Schuljahr 2009/2010 wird er ausschließlich
von den diplomatischen Vertretungen organisiert. Derzeit ist insofern nur
noch der konsularische muttersprachliche Unterricht für einige Gruppen von Schülerinnen und Schülern möglich. Gerade die in den letzten
Jahren neuzugewanderten Schülerinnen und Schüler werden nicht in
ihren Herkunftssprachen (zum Beispiel Arabisch, Dari, Farsi, Tigrinya)
gefördert, außer Selbsthilfe- und Migrantenorganisationen übernehmen
diese Aufgabe auf freiwilliger Basis. Zudem ist der konsularische muttersprachliche Unterricht keine schulische Veranstaltung. Der Lehrplan und
die Lehrwerke liegen inhaltlich und finanziell in der Verantwortung der
Konsulate. Einigen Gruppen von Schülerinnen und Schülern wird es aus
fluchtspezifischen Gründen nicht möglich sein, einen vom Herkunfts-
land organisierten Unterricht zu besuchen. Als Beispiel können so unter

---

36 Vgl. Kempert et al. 2016.
37 Vgl. Riehl 2014.

anderem Schülerinnen und Schüler aus Eritrea genannt werden, deren Familien von staatlicher Verfolgung betroffen sind.

Muttersprachlicher Unterricht fördert Schülerinnen und Schüler auf vielfältige Art und Weise. Die Wissenschaft geht von einer ganzen Reihe begünstigender kognitiver und sozialer Prozesse aus, die zu verbesserten Bildungsergebnissen führen. Neben dem Transfer von Sprachkompetenzen (zum Beispiel Lesefähigkeit) von der Erst- auf die Zweitsprache kann so auch von einer positiven Wirkung durch den verbesserten Zugang zu Sozialkapital innerhalb der Familie und ethno-kulturellen Community durch Beibehaltung der Herkunftssprache ausgegangen werden.[38]

Allerdings müssen hier passende Rahmenbedingungen geschaffen werden. Bilinguale Förderung muss verknüpft mit dem Schulunterricht stattfinden und kann im Idealfall die Arbeit der deutschen und herkunftssprachlichen Lehrkräfte miteinander verbinden.[39] Gerade auch dieser Aspekt der fehlenden Kooperation der innerschulischen und externen Akteure wird am konsularischen muttersprachlichen Unterricht kritisiert. Eine Zusammenarbeit ist häufig nicht möglich, da die Kurse in die Nachmittagsstunden gelegt werden.

Es besteht dringender Handlungsbedarf für neue Konzepte mehrsprachiger Bildung. Innovative bilinguale Konzepte können hier zudem auf die Chancen der Digitalisierung und neuen Medien zurückgreifen. In der Vergangenheit scheiterten mehrsprachliche Unterrichtskonzepte häufig daran, Mindestteilnehmerzahlen für konkrete Sprachgruppen an einem Ort zu erfüllen. Digitale Bildung bietet vielfache Möglichkeiten, um Schülerinnen und Schüler an unterschiedlichen Orten und in ihrer jeweiligen Familien- oder Herkunftssprache Unterricht zu ermöglichen.

Bayern ist eine vielsprachige Gesellschaft, die sprachlichen Kompetenzen der Neuzugewanderten sollten wertgeschätzt und zur Ermöglichung von besserer Integration und Chancengleichheit genutzt werden.

Handlungsempfehlungen

▶ Eine gezielte muttersprachliche Förderung: Anerkennung des muttersprachlichen Ergänzungsunterrichts als schulische Ver-

---

38 Vgl. Herzog Punzenberger 2017, Kempert et al. 2016.
39 Vgl. Riehl 2015.

anstaltung; Stärkung der Kooperation zwischen deutschen und herkunftssprachlichen Lehrkräften; Integration muttersprachlicher Angebote in die Ganztagsschule;

▶ Erstellung von Materialien für mehrsprachige Sprachförderung;

▶ Integration der Sprachen von Schülerinnen und Schülern mit Migrationserfahrung in den Fremdsprachenunterricht auch bei den weiterführenden Schulen;

▶ Verankerung der Bedeutung von Mehrsprachigkeit in der Lehreraus- und -weiterbildung;

▶ eine Verankerung von Mehrsprachigkeit und diversitätssensibler Pädagogik im regulären Curriculum (durch bilinguale Schulkonzepte); Nutzung digitaler Unterrichtsformen sowie Hinzuziehung bilingualer Unterrichtsassistenzen oder Lehrerinnen und Lehrer;

▶ gezielte Förderung fremdsprachlicher Lehramtsstudierender (Quotenregelung bei der Zulassung zum Studium, weitere Förderungsangebote und -strukturen während Studium und Referendariat);

▶ digitale Formate mehrsprachiger Förderung wie im Modell »Flexible Education«. Es handelt sich um ein Modellprojekt des norwegischen nationalen Zentrums für multikulturelle Bildung. Das digitale Format bietet Schülerinnen und Schülern Unterricht in der Herkunftssprache sowie Unterstützung im Zweitspracherwerb. Über eine bilinguale digitale Plattform erhalten die Schülerinnen und Schüler Zugang zu einer Vielzahl von Lernmaterialien in Norwegisch und ihren Herkunftssprachen, darunter Wörterbücher, Schulungsvideos und Texte. Sie nehmen zudem an geplanten Unterrichtsstunden mit zweisprachigen Weblehrerinnen und -lehrern teil. Lehrerinnen und Lehrer des digitalen Formats arbeiten eng mit lokalen Lehrerinnen und Lehrern zusammen. Schülerinnen und Schüler können sich an die Weblehrerinnen und -lehrer wenden, wenn sie Unterstützung in ihrer Herkunftssprache benötigen. Über die Plattform können die Schülerinnen und Schüler auch untereinander in ihren Herkunftssprachen kommunizieren, was den Sprachgebrauch außerhalb der Familie ermöglicht und das Sprachniveau verbessert.[40]

---

40 Vgl. ActNow 2018.

6.6 Bildungsperspektiven für Migrierte mit Behinderung eröffnen

Die Intersektion von Behinderung und Migration wurde bislang nur randständig in den Blick genommen. Insbesondere was die Teilhabe an Bildung, geeignetem Wohnraum und Zugang zu Pflege- und Gesundheitsleistungen betrifft, ist jedoch davon auszugehen, dass diese Gruppe einen erschwerten Zugang besitzt und häufig aufgrund von mangelnden Sprach- und Systemkenntnissen sowie aufgrund der Behinderung ausgeschlossen bleibt.[41] Die Bereiche der Migrationsarbeit und die Behindertenhilfe sind stark versäult. Bisher konnte keine nachhaltige Vernetzung an diesem Schnittpunkt erreicht werden. Bei Beraterinnen und Beratern im jeweiligen Feld gibt es deutliche Informationslücken aufgrund der hohen Komplexität der beiden Themenbereiche. Es bedarf insbesondere eines spezialisierten rechtlichen Hintergrundwissens, da Aufenthalts- und Asylrecht sowie die Regelungen der Eingliederungshilfe in unübersichtlicher Art und Weise zusammenfließen und so den Zugang von Migrantinnen und Migranten mit Behinderungen stark einschränken.[42]

Wenn ihre Sprachkenntnisse nicht ausreichen, sind Migrierte mit Behinderung häufig von Diagnostik und sonderpädagogischen Maßnahmen ausgeschlossen.[43] Der Spracherwerb wiederum gestaltet sich sehr schwierig, da keine Kurse vorhanden sind, die eine bedarfsgerechte Didaktik und Ausstattung mit Hilfsmitteln vorweisen. Hinzu kommen fehlende Systemkenntnisse und herkunftsspezifisch unterschiedliche Handlungsstrategien im Umgang mit Behinderungen.

Um die Chancengleichheit für Migrierte mit Behinderung zu verbessern und Diskriminierung sowie institutionelle Ausschlussprozesse zu vermeiden, müssen die Vernetzung von Behindertenhilfe und Migrationsarbeit vorangetrieben werden und langfristig inklusive bedarfsgerechte Beratungs- und Bildungsangebote geschaffen werden.

---

41 Vgl. Wansing/Westphal 2014.

42 Vgl. Weiser 2016, Gag/Weiser 2017.

43 Um die Anschlussfähigkeit zur derzeitigen Umsetzung in der Praxis zu erhalten, wird hier auf sonderpädagogische Maßnahmen verwiesen, dennoch sollte langfristig eine konsequente inklusive Ausgestaltung von Angeboten umgesetzt werden.

Handlungsempfehlungen

▶ Der Informationsstand am hochkomplexen Schnittpunkt Migration und Behinderung muss sowohl bei Kommunen, freien Trägern, Selbsthilfeorganisationen und Betroffenen und ihren Familien verbessert werden.

▶ Personen mit Migrationshintergrund und Behinderung sowie ihre Angehörigen müssen Zugang zu angemessenen Beratungsformaten erhalten und in den Bereichen Zugang zu Hilfsmittel, Pflege und Gesundheit, angemessener Wohnraum, Bildung und Arbeit bedarfsgerecht (muttersprachlich oder sprachsensibel) beraten werden.

▶ Für Neuzugewanderte mit Behinderungen und Erkrankungen ohne Sprachkenntnisse müssen Zugänge zu kultursensibler und sprachfreier Diagnostik erschlossen werden.

▶ Die Umsetzung von spezifischen Bildungsangeboten oder einer mobilen sonderpädagogischen Unterstützung in Regelangeboten für Migrierte mit Behinderung muss initiiert werden.

▶ Insbesondere angeregt werden können bedarfsgerechte Sprachkursformate (inklusiv in Regelangeboten oder als spezifische Angebote) sowie die Herstellung und Kennzeichnung von Barrierefreiheit bei Integrationskursen und anderen Bildungsangeboten.

▶ Bereits vorhandene bundesweit angebotene Integrationskurse für Menschen mit spezifischen Einschränkungen und Behinderungen müssen auf der Seite des Bundesamtes kenntlich gemacht werden.

▶ Konkret kann die Einführung von mobilen unterstützenden Diensten empfohlen werden. Diese bieten:

- dem Lehrpersonal Beratung bei Fragen zur inklusiven Förderung;

- Beobachtung und Assessment (insofern Diagnostik nicht möglich ist), Klärung der Lernvoraussetzungen von einzelnen Personen;

- Umsetzung inklusiver Förderung, Abstecken von Lernzielen und notwendigen didaktischen Methoden;

- Erarbeitung und Bereitstellung von Materialien;

- Anleitung ehrenamtlicher Unterstützungskräfte, welche wiederum über mehr zeitliche Ressourcen verfügen, um gezielt nur eine oder zwei Personen in den Sprachkursen zu unterstützen.

► Die Entwicklung von geeigneten Sprachlernmaterialien für Personen mit Unterstützungsbedarf sollte vorangetrieben werden.

6.7 Berufsintegrationsklassen und Berufsausbildung – Forderung nach einer Anschlussförderung und -betreuung

Damit jugendliche Geflüchtete ihre Berufsausbildung erfolgreich absolvieren können, bedarf es begleitender fach- und sozialpädagogischer Maßnahmen nicht nur während der zweijährigen Berufsintegrationsklassen, sondern auch durch die Berufsschulzeit hindurch.

Vor Beginn der Berufsausbildung ist in aller Regel ein zweijähriger Besuch der Berufsintegrationsklasse (BIK/Vorklasse und BIK) vorgeschaltet. Die gesetzliche Grundlage hierfür ist Artikel 35 des Bayerischen Erziehungs- und Unterrichtsgesetzes (BayEUG). Haben Jugendliche zwischen 16 und 21 Jahren im Heimatland keinen Schulabschluss erworben, unterliegen sie in Bayern der Berufsschulpflicht. Dies gilt in begründeten Einzelfällen sogar bis zum 25. Lebensjahr. Im ersten Jahr liegt der Schwerpunkt auf dem Spracherwerb, im zweiten Jahr steht die Berufseinstiegsbegleitung im Fokus. Die Schülerinnen und Schüler absolvieren Praktika und Werkstatttage und werden mit Unterstützung von Jobcoaches in die Berufswelt (duale Berufsausbildung) und ihre mannigfachen Anforderungen eingeführt. Daneben erhalten die Schülerinnen und Schüler durchgängig in diesen zwei Jahren spezielle sozialpädagogische Begleitung. Am Ende erwerben sie den Mittelschulabschluss.[44] Die Berufsintegrationsklassen sind auch für jugendliche Migrantinnen und Migranten aus der EU und anderen Drittstaaten, auf die die oben genannten Kriterien zutreffen, offen. Hier bedarf es genereller Überlegungen, wie der Entwicklung eines parallelen exklusiven Beschulungssystems für Zugewanderte zugunsten inklusiver Strukturen vorgebeugt werden kann.

Die Zahl der Berufsintegrationsklassen stieg in Bayern schrittweise von circa 260 im Schuljahr 2014/2015 (Stand Juli 2015) auf über 1 100 im Schuljahr 2017/2018, wodurch rund 19 000 Plätze für Geflüchtete sowie andere Schülerinnen und Schüler mit Sprachförderbedarf zur Verfügung

---

44 Vgl. Englhardt-Kopf 2016, Staatsinstitut für Schulqualität und Bildungsforschung 2017.

standen.[45] Für das Ende des Schuljahres 2017/2018 werden hochgerechnet zwischen 13 000 und 15 000 Absolventen mit Anschlussperspektive erwartet.[46] Allein aus diesen Zahlen ergibt sich die Notwendigkeit zu handeln. Das BIK-Programm ist mit der Vorgabe von zwei Jahren bis zur Ausbildungsreife recht ambitioniert. Die Schülerinnen und Schüler haben die Fluchterfahrung noch nicht verarbeitet, wegen fehlender Therapieplätze selten an einem Trauma-Bewältigungsprogramm teilgenommen und den Kulturschock noch nicht überwunden. Da im Durchschnitt die Flucht eines unbegleiteten Minderjährigen mehrere Monate dauert, gelingt nicht jedem gleich der Übergang in einen strukturierten Schulalltag. Gerade unbegleiteten minderjährigen Geflüchteten fällt es schwer, ihr überlebensnotwendiges Fluchtverhalten gegen das eines Schülers oder einer Schülerin einzutauschen. So vergehen oft Monate, bis sie im Schulalltag ankommen und nachhaltig am Unterricht partizipieren.

Bei Schülern mit Alphabetisierungsbedarf oder keiner bis nur sehr geringer Schulerfahrung reichen zwei Jahre Berufsintegrationsklasse nicht. Hier ist die Möglichkeit einer vorgeschalteten Sprachintensivierungsklasse gegeben. Die Schülerinnen und Schüler bekommen dadurch mehr Zeit, können jedoch auf Empfehlung und in Absprache mit der Schule jederzeit von der Sprachintensivierungsklasse in die BIK/Vorklasse wechseln. Insofern lässt das System genug Spielraum, um flexibel auf Lernfortschritte und Bedürfnisse der Schülerinnen und Schüler zu reagieren.

Die meisten Schülerinnen und Schüler erreichen nach zwei Jahren das Sprachniveau B1 (GER) bis B1plus (berufsbezogenes Deutsch). Das ist als Voraussetzung für den erfolgreichen Besuch der Berufsschule das absolute Minimum. Denn im Grunde bedarf es der Niveaustufe B2 (GER) bis B2plus (berufsbezogenes Deutsch), um den sprachlichen Anforderungen einer Berufsausbildung in Berufsschule und Betrieb zu genügen. Die Erfahrung hat gezeigt, dass nur sehr wenige Schülerinnen und Schüler das in zwei Jahren schaffen. Ihre Betreuung durch Sozialpädagogen und Jobcoaches endet mit der Aushändigung des Mittelschulzeugnisses. Die Schülerinnen und Schüler sind von heute auf morgen auf sich selbst

---

45   Vgl. Bayerisches Staatsministerium für Bildung und Kultus, Wissenschaft und Kunst 2018: 4.

46   Vgl. Geiger 2017: 12.

gestellt. Aus dem bisher beschriebenen Ist-Zustand folgt die Forderung nach einer Anschlussförderung und -betreuung.

Die IHK Schwaben hat durch ein besonderes Unterstützungsprogramm gezeigt, wie Berufsausbildung mit zielgerichteter Unterstützung besser gelingen kann. Die Abbruchquote der Azubis mit Fluchthintergrund liegt bei erstaunlich geringen 9 Prozent.[47] Im bundesdeutschen Durchschnitt liegt die Abbruchquote bei rund 25 Prozent und unter Migrierten sogar bei 33 Prozent.[48] Die Hochschule Neu-Ulm, die im Auftrag der IHK Schwaben das Projekt wissenschaftlich ausgewertet hat, führt in ihrem Abschlussbericht die geringe Abbruchquote vor allem auf diese einzigartige sowohl sprachliche als auch persönliche Weiterbetreuung der Schülerinnen und Schüler zurück.[49]

Die zweite tragende Säule im Modellversuch der IHK Schwaben ist die Einrichtung einer »Kümmererstruktur«.[50] Diese besteht aus zwei IHK-Mitarbeitern, die sich um die Belange der Jugendlichen kümmern und den Kontakt zu den Betrieben und den Schulen halten. Sie helfen, die fehlende Stabilität der zumeist alleinstehenden jungen Geflüchteten zu kompensieren. Hier reichen Schulsozialarbeit oder die Angebote der Jugendmigrationsdienste nicht aus, da geflüchtete Jugendliche einen höheren Betreuungsbedarf haben. Nicht jedem Schüler oder jeder Schülerin gelingt es, sich in den zwei Jahren Berufsintegrationsklasse ausreichend zu vernetzen, um durch ein soziales Beziehungsgeflecht die nötige Unterstützung zu generieren. Wenn unterschiedliche Vorstellungen und Erwartungen aufeinandertreffen, brauchen die jungen Geflüchteten dringend weiterhin Unterstützung, beispielsweise ein vermittelndes Gespräch zwischen ihnen und den Ausbildungsbetrieben, den Ämtern, Behörden, den Berufsschulen oder den Vermietern.

Eine bayernweite Ausdehnung dieses Ansatzes kommt allen Auszubildenden mit Förderbedarf (unabhängig von ihrer Herkunft) zugute und kann die Abbruchquote landesweit verringern. Wenn die Politik ihren Teil dazu beiträgt, den Geflüchteten in Ausbildung ein verhältnismäßig störungsfreies und unterstütztes Lernen zu ermöglichen, wird sich in

---

47 Vgl. IHK Schwaben 2017.
48 Vgl. Heller 2018.
49 Vgl. IHK Schwaben 2017.
50 Vgl. IHK Schwaben 2017.

ganz Bayern längerfristig die Zahl erfolgreich absolvierter Berufsaus-
bildungen erhöhen.

Handlungsempfehlungen

Im BIK-Bereich:

▶ generelle Überlegungen zum Inklusiven Unterricht in BIK-Klas-
sen vor dem Hintergrund, kein paralleles Beschulungssystem für
Migrierte und Nichtmigrierte zu etablieren;

▶ Schaffung neuer Strukturen, um regelmäßige gemeinsame Unterrichtsstunden von Berufsschul- und Berufsintegrationsklassen,
auch im Blockunterricht, fest zu installieren, beispielsweise in
Geschichte/Sozialkunde/Erdkunde, Ethik oder Sport;

▶ gemeinsame Projekte und Exkursionen von Berufsschul- und
Berufsintegrationsklassen;

▶ Patenschaften zwischen Berufsschul- und Berufsintegrationsklassen;

▶ keine zu frühe Verselbständigung von geflüchteten Jugendlichen
mit Vollendung des 18. Lebensjahres, sondern Ausschöpfung der
Jugendhilfe bis 21, damit sich die Jugendlichen in einer lerngerech-
ten Umgebung auf die Schule konzentrieren können;

▶ Schaffung von Strukturen, damit geflüchtete Jugendliche leichter
Zugang zu psychologischer Betreuung finden.

Im Berufsschulbereich:

▶ Ausweitung des Modellversuches der IHK Schwaben auf alle
Berufsschulen in ganz Bayern;

▶ gezielte Sprachfördermaßnahmen für Schüler mit Förderbedarf wie
zusätzlicher DaZ-Unterricht auf B2plus-Niveau (berufsbezogenes
Deutsch);

▶ Weiterentwicklung der »Kümmererstruktur« zur sozialpädagogischen Betreuung und Unterstützung der Berufsschülerinnen und
-schüler bei Problemen mit den Ausbildungsbetrieben, Ämtern,
Behörden, Berufsschulen oder den Vermietern.

6.8 Integrationskurse – Verbesserungsvorschläge auf dem Weg zu Inklusionskursen

Grundsätzlich ist die Einrichtung der Integrationskurse richtig, sie müssen allerdings an die seit 2015 entstandenen neuen Gegebenheiten besser angepasst werden. Aber eben nicht nur an diese.

Zunächst einige Zahlen, um die Bedeutung des Themas zu verdeutlichen: In den Jahren 2005 bis 2015 wurden insgesamt 1 827 744 Teilnahmeberechtigungen für Integrationskurse ausgestellt. 2016 waren es 534 648 und 2017 wurden 376 468 Berechtigungen zur Teilnahme am Integrationskurs von den Ausländerbehörden, den Trägern der Grundsicherung sowie vom Bundesamt für Migration und Flüchtlinge (BAMF) erteilt. Somit haben in den Jahren seit 2005, also seit Einführung des Zuwanderungsgesetzes, 2 738 860 Teilnehmer diese Kurse besucht.[51] Im Durchschnitt haben 54,9 Prozent der Teilnehmer sogar freiwillig, somit als (Teil-)Selbstzahler die Kurse besucht. Diese bemerkenswerte Zahl zeigt, dass das Bedürfnis Deutsch zu lernen bei den Zugewanderten stark ausgeprägt ist.[52]

Der Integrationskurs besteht aus zwei Teilen: Zunächst absolvieren die Teilnehmerinnen und Teilnehmer in 600 Unterrichtseinheiten einen Sprachkurs und im Anschluss daran noch einmal in 100 Unterrichtseinheiten den Orientierungskurs. Das sind 100 Stunden Geschichte, Politik und Gesellschaft in Deutschland. Der Abschlusstest besteht ebenfalls aus zwei Teilen, einerseits aus dem Sprachtest »Deutschtest für Zuwanderer« (DTZ) und andererseits aus dem Test »Leben in Deutschland«. Bestehen die Teilnehmenden den Deutschtest für Zuwanderer nicht, kann ein Antrag auf zusätzliche 300 Unterrichtseinheiten gestellt werden.

2017 legten 289 751 Migrierte den Deutschtest für Zuwanderer (DTZ) ab. 48,7 Prozent und damit mehr als die Hälfte aller Testteilnehmerinnen und -teilnehmer hat jedoch den Sprachtest nicht bestanden und damit das Kursziel B 1 verfehlt.[53] »Das Kursziel B 1 ist ausreichend, um im Alltag in Deutschland schriftlich und mündlich klarzukommen, für einen quali-

---

51 Vgl. Bundesamt für Migration und Flüchtlinge 2018a: 2.

52 Vgl. Bundesamt für Migration und Flüchtlinge 2018a: 4.

53 Vgl. Bundesamt für Migration und Flüchtlinge 2018a: 12.

fizierten Beruf reicht das Sprachlevel meist nicht.«[54] Rund 41 Prozent erreichten das niedrigere Sprachniveau A2, die restlichen Teilnehmer blieben darunter und erhielten keinen Abschluss. In den Jahren davor hatten im Durchschnitt rund 56 Prozent der zu Prüfenden den B1-Test bestanden.[55]

Das Bestehen beider Teilbereiche ist zum Beispiel Voraussetzung für die Einbürgerung. Das Zertifikat über einen erfolgreichen B1-Abschluss wird jedoch auch schon seit vielen Jahren von Arbeitgebern bei Neueinstellungen verlangt. Das Bestehen dieses Sprachtests liegt also im Interesse der Teilnehmenden, dies verdeutlicht ebenfalls die oben angeführte hohe Zahl der freiwilligen Anmeldungen zum Integrationskurs.

Der Rückgang erfolgreicher B1-Abschlüsse bei gleichzeitig hoher Motivationslage erfordert ein Gegensteuern. Daher ist es wichtig, die Gründe für dieses mäßige Ergebnis zu untersuchen. An dieser Stelle soll auf einige wichtige strukturelle Probleme eingegangen werden.

Viele der neuen Teilnehmerinnen und Teilnehmer seit 2015 haben keine ausreichende Lernbiografie vorzuweisen und/oder gelten als lernungewohnt. Diesen Teilnehmenden reichen 600 Unterrichtseinheiten nicht aus, um in der vorgegebenen Zeit erfolgreich das Niveau B1 zu erreichen. Die Einrichtung von mehr Kursen für langsam Lernende mit einem Zeitkontingent von 900 Unterrichtseinheiten versucht schon hier gegenzusteuern. Noch besser es wäre allerdings, allen Teilnehmenden von Integrationskursen 900 Unterrichtseinheiten zuzuteilen mit der Option, flexibel, gemäß Bedarf und ohne großen bürokratischen Aufwand Kursmodule zu wiederholen. Lerngewohnte schnell Lernende können das Kursziel nach wie vor in 600 Unterrichtseinheiten erreichen. Langsam Lernende optieren für die Wiederholung von bis zu drei der vorgeschriebenen sechs Module. Die Teilnehmenden entscheiden selbst, auf welchem Niveau sie ein Modul wiederholen möchten. Damit entfallen zeitraubende Anträge auf Wiederholung sowohl beim BAMF als auch bei den Sprachschulen. Die Teilnehmenden warten nicht auf Bewilligungsanträge und verlieren dadurch keine unnötige Zeit.

Die Teilnahme am Integrationskurs ist umso erfolgreicher, wenn die Teilnehmenden Kontakte zu Deutschsprechenden entwickeln und aus

---

54 Tagesschau 2018.

55 Vgl. Bundesamt für Migration und Flüchtlinge 2018a: 12.

diesen Kontakten soziale Netzwerke entstehen. Berührungen können im sozialen Nahraum angestoßen werden, indem Begegnungszeiten und -räume geschaffen werden. Das können Kontakte zu kommunalen und sozialen Einrichtungen wie Bildungslokale, Seniorenheime, Wohlfahrtsverbände oder Migrantenselbstorganisationen sein. Aber auch Projekttage in Ämtern und Behörden, im Jobcenter, Betriebsbesichtigungen, Museums-, Kino- und Bibliotheksbesuche dienen zur Erschließung und Kontaktaufnahme im sozialen Nahraum.[56] Daher bedarf es auf Bundesebene Änderungen des BAMF-Curriculums, neuer Vorgaben und veränderter Strukturen.

Ein weiteres strukturelles Problem sind bis zu 25 Teilnehmende pro Kurs. Die Qualität des Unterrichts muss zwangsläufig darunter leiden. Gerade in langsamen Kursen ist die persönliche Zuwendung und Aufmerksamkeit der Dozentinnen und Dozenten stark gefordert, was bei 25 Teilnehmenden nicht geleistet werden kann.

Eine besondere Form der allgemeinen Integrationskurse sind die Alphabetisierungskurse. Ihr Anteil lag 2017 bei 26,3 Prozent, das bedeutet gegenüber 2016 eine Zunahme von über 8 Prozent. Nimmt man gar den Zeitraum 2005 bis 2015 zum Vergleich, beträgt die Zunahme sogar 16 Prozent.[57] Die Tendenz ist weiterhin steigend. Erfahrungsgemäß kommt ein Gutteil derer, die den Deutschtest für Zuwanderer nicht bestehen, aus den Alphabetisierungskursen. Sie lernen in bis zu 1200 Unterrichtseinheiten Lesen und Schreiben in einer Sprache, die sie noch nicht sprechen und verstehen. Diese Teilnehmenden brauchen für die Prüfung B1 nicht unbedingt andere Testaufgaben, sondern ein größeres Schriftbild und mehr Zeit, um in Ruhe die Aufgaben lesen und bearbeiten zu können.

Hier sind auch die bereits eingesetzten skalierten B1/A2-Tests hilfreich. Eine Ausdehnung auf die Skalierung A2/A1 ist wünschenswert, denn so können schwache Lernerinnen und Lerner mit zwei von drei bestandenen Aufgaben in den Teilbereichen Lesen/Hören, Schreiben und Sprechen zumindest einen Nachweis über das Sprachniveau A2 erwerben.

Ungünstig ist das neue Pilotprojekt »Zusteuerungssystem« des BAMF.[58] Das BAMF testet und weist den Sprachschulen die Teilnehmenden in

---

56 Vgl. den Abschnitt »5.1 Soziale Räume«.
57 Vgl. Bundesamt für Migration und Flüchtlinge 2018a: 4.
58 Vgl. Bundesamt für Migration und Flüchtlinge 2018b.

einem wenig transparenten Verfahren zu. Dabei kann das BAMF die »reale« Zusammensetzung bestehender Kurse nicht kennen; so werden Akademikerinnen und Akademiker in langsame Kurse zugewiesen oder Langsamlerner in schnelle. Eine korrekte Kursberatung findet nicht mehr statt. Einstufungstests vor Ort sind für die Feststellung des Einstiegsniveaus jedoch unerlässlich, um differenziert zuteilen zu können.

Auf Frauen- und Mütterkurse und deren besondere Probleme, vor allem im ländlichen Raum, wird an anderer Stelle ausführlich eingegangen.[59]

Handlungsempfehlungen

▶ Alle Teilnehmende bekommen vom BAMF 900 Unterrichtseinheiten zuerkannt mit der Option, drei der sechs Pflichtmodule wiederholen zu können.

▶ Lerngewohnte Teilnehmende melden sich wie gewohnt nach 600 Unterrichtseinheiten zur Prüfung an.

▶ Änderung des BAMF-Curriculums: In jedem Modul werden Projekte und Exkursionen in Integrationskursen zur Pflicht und jedes Modul wird mit einem extra Zeitkontingent von 10 Unterrichtseinheiten ausgestattet für Planung und Vorbereitung, Umsetzung und Nacharbeit, zuzüglich eines Budgets für die Durchführung der Maßnahmen.

▶ Die Obergrenze in allgemeinen Integrationskursen liegt bei maximal 20, noch besser bei maximal 16 Teilnehmenden pro Kurs.

▶ Teilnehmende aus Alphabetisierungskursen bekommen für die schriftlichen Prüfungsaufgaben ein größeres Schriftbild und mindestens 50 Prozent mehr Zeit.

▶ Sowohl für lernungewohnte Teilnehmende als auch für Teilnehmende in Alphabetisierungskursen bedarf es neben der Skalierung B1/A2 der Skalierung A2/A1.

▶ Das System der Zuweisung durch das BAMF wird zugunsten des Einstufungstests in den Sprachschulen vor Ort eingestellt.

---

59 Vgl. den Abschnitt »5.7 Inklusion immigrierter Mütter«.

Literatur

Abdallah-Steinkopff, Barbara / Soyer, Jürgen (2013): Traumatisierte Flüchtlinge – Kultursensible Psychotherapie im politischen Spannungsfeld, in: Robert E. Feldmann / Günter H. Seidler (Hg.), Traum(a) Migration. Aktuelle Konzepte zur Therapie traumatisierter Flüchtlinge und Folteropfer, Gießen, S. 137–166.

Abdallah-Steinkopff, Barbara / Akhtar, Farida (2015): Kultursensible Elternberatung für Flüchtlingsfamilien, in: Handbuch der Schulberatung 2015, München (online unter: www.schulberatung.bayern.de/imperia/md/content/schulberatung/pdfobost/materieliendienstbesprechung/dienstbesprechung2015/artikel_kultursensible_elternberatung.pdf – letzter Zugriff: 12.10.2018).

Achour, Sabine (2018): Die »gespaltene Gesellschaft«. Herausforderungen und Konsequenzen für die politische Bildung, in: Aus Politik und Zeitgeschichte 68 (13–14/2018), S. 40–46.

ActNow (Hg.) (2018): Pathways to Educational Resilience and Inclusion. Tapping into the Knowledge of Newly Arrived Students. Norway, 28. Januar 2018 (online unter: www.youtube.com/watch?v=u9HoTvvmLb4 – letzter Zugriff: 25.10.2018).

Akademie für Politische Bildung (2018): Tutzinger Schülerforen (online unter: www.apb-tutzing.de/programm/schuelerforen.php – letzter Zugriff: 17.10.2018).

Aras, Muhterem (2018): »Das Grundgesetz erwärmt auch das Herz«. Interview von Benno Stieber mit Muhterem Aras, in: Die Tageszeitung, 19. Mai 2018, S. 27.

Arendt, Hannah (1981): Vita Activa oder Vom tätigen Leben, München/Zürich.

Arendt, Hannah (2013): Wahrheit und Lüge in der Politik. Zwei Essays, München/Berlin.

Autorengruppe Bildungsberichterstattung (2018): Bildung in Deutschland 2018. Ein indikatorengestützter Bericht mit einer Analyse zu Wirkungen und Erträgen von Bildung, Berlin.

Bade, Klaus J. (2007): Versäumte Integrationschancen und nachholende Integrationspolitik, in: Aus Politik und Zeitgeschichte 57 (22–23/2007), S. 32–38.

Bade, Klaus J. (2013): Kritik und Gewalt. Sarrazin-Debatte, »Islamkritik« und Terror in der Einwanderungsgesellschaft, Schwalbach/Ts.

Baer, Susanne (2013): Gleichberechtigung revisited. Zur Interpretation des Artikel 3 GG und internationaler Gleichbehandlungsgebote, in: Neue Juristische Wochenschrift 66 (43/2013), S. 3145–3150.

Baumert, Jürgen / Schümer, Gundel (2001): Familiäre Lebensverhältnisse, Bildungsbeteiligung und Kompetenzerwerb, in: Jürgen Baumert et al. (Hg.), PISA 2000. Basiskompetenzen von Schülerinnen und Schülern im internationalen Vergleich, Opladen, S. 323–410.

Bayerisches Staatsministerium für Familie, Arbeit und Soziales (2018): Die Bedeutung der Inklusion, München (online unter: www.stmas.bayern.de/inklusion/begriff/index.php – letzter Zugriff: 28.10.2018).

Bayerisches Staatministerium für Arbeit und Soziales, Familie und Integration (2017): Richtlinie für die Förderung der sozialen Beratung, Betreuung und Integration von Menschen mit Migrationshintergrund (Beratungs- und Integrationsrichtlinie – BIR), München (online unter: www.verkuendung-bayern.de/allmbl/jahrgang:2017/heftnummer:12/seite:578 – letzter Zugriff: 16.10.2018).

Bayerisches Staatsministerium für Bildung und Kultus, Wissenschaft und Kunst (2018): Qualitätsmanagement in Berufsintegrationsklassen in Bayern. Auftaktveranstaltung Qmbs-Weiterentwicklungskonzept, 15. März 2018 in München (online unter: www.qmbs-bayern.de/userfiles/Weiterentwicklung_QmbS-Runde2/04_Berufsintegration.pdf – letzter Zugriff: 15.10.2018).

Becker, David (2003): Flüchtlinge und Trauma. Interview mit David Becker, in: Projekttutorium »Lebenswirklichkeiten von Flüchtlingen in Berlin« (Hg.), Verwaltet, entrechtet, abgestempelt – wo bleiben die Menschen? Einblicke in das Leben von Flüchtlingen in Berlin, Berlin, S. 67–74.

Benhabib, Seyla (2013): Gleichheit und Differenz. Die Würde des Menschen und die Souveränitätsansprüche der Völker im Spiegel der politischen Moderne, hrsg. von Volker Drehsen, Tübingen.

Berghahn, Sabine / Klapp, Micha / Tischbirek, Alexander (2016): Evaluation des Allgemeinen Gleichbehandlungsgesetzes, erstellt im Auftrag der Antidiskriminierungsstelle des Bundes, Berlin (online unter: www.antidiskriminierungsstelle.de/SharedDocs/Downloads/DE/publikationen/AGG/AGG_Evaluation.pdf?__blob=publicationFile&v=14 – letzter Zugriff: 18.10.2018).

Bertelsmann Stiftung (Hg.) (2016): Leitlinien für die Wertebildung von Kindern und Jugendlichen, Gütersloh (online unter: www.bertelsmannstiftung.de/fileadmin/files/BSt/Publikationen/GrauePublikationen/LW_Leitlinien-Wertebildung.pdf – letzter Zugriff: 09.10.2018).

Bertelsmann Stiftung (2017): Sozialer Zusammenhalt in Deutschland 2017, Gütersloh (online unter: www.bertelsmann-stiftung.de/fileadmin/files/BSt/Publikationen/GrauePublikationen/ST-LW_Studie_Zusammenhalt_in_Deutschland_2017.pdf – letzter Zugriff: 17.10.2018).

Bertelsmann Stiftung (2018): Faktor Vielfalt. Die Rolle kultureller Vielfalt für Innovationen in Deutschland, Gütersloh (online unter: www.bertelsmann-stiftung.de/fileadmin/files/Projekte/Vielfalt_Leben/Studie_LW_Faktor_Vielfalt_2018.pdf – letzter Zugriff: 06.10.2018).

Beyer, Thomas (2017): Arm in einem reichen Land – Armut auch in Bayern, München.

Bielefeldt, Heiner (2008): Menschenwürde. Der Grund der Menschenrechte. Studie des Deutschen Instituts für Menschenrechte, Berlin (online unter: www.institut-fuer-menschenrechte.de/uploads/tx_commerce/studie_menschenwuerde_2008.pdf – letzter Zugriff: 06.10.2018).

Bielefeldt, Heiner (2009). Zum Innovationspotenzial der UN-Behindertenrechtskonvention (= Deutsches Institut für Menschenrechte, Essay Nr. 5), Berlin (online unter: www.institut-fuer-menschenrechte.de/fileadmin/user_upload/Publikationen/Essay/essay_zum_innovationspotenzial_der_un_behindertenrechtskonvention_auflage3.pdf – letzter Zugriff: 06.10.2018).

Bielefeldt, Heiner (2010): Das Diskriminierungsverbot als Menschenrechtsprinzip, in: Ulrike Hormel / Albert Scherr (Hg.), Diskriminierung. Grundlagen und Forschungsergebnisse, Wiesbaden, S. 21–34.

Böckenförde, Ernst-Wolfgang (1976): Staat, Gesellschaft, Freiheit. Studien zur Staatstheorie und zum Verfassungsrecht, Frankfurt/M.

Böhmer, Anselm (2016): Bildung als Integrationstechnologie? Neue Konzepte für die Bildungsarbeit mit Geflüchteten, Bielefeld.

Böhmer, Anselm (2018): Bildung im Wartezustand. Zu den Herausforderungen struktureller Einbindung neu Zugewanderter in Bildungsinstitutionen (online unter: www.pw-portal.de/integrationspolitik-in-deutschland/40616-bildung-im-wartezustand-strukturelle-einbindung-neu-zugewanderter-in-bildungsinstitutionen – letzter Zugriff: 28.10.2018).

Bommes, Michael (2007): Integration – gesellschaftliches Risiko und politisches Symbol, in: Aus Politik und Zeitgeschichte 57 (22–23/2007), S. 3–5.

Boudon, Raymond (1974): Education, Opportunity, and Social Inequality. Changing Prospects in Western Society, New York.

Bourdieu, Pierre (1998): Über das Fernsehen, Frankfurt/M.

Bourdieu, Pierre / Passeron, Jean-Claude (1971): Die Illusion der Chancengleichheit. Untersuchungen zur Soziologie des Bildungswesens am Beispiel Frankreichs, Stuttgart.

Brücker, Herbert / Rother, Nina / Schupp, Jürgen (Hg.) (2017): IAB-BAMF-SOEP-Befragung von Geflüchteten 2016: Studiendesign, Feldergebnisse sowie Analysen zu schulischer wie beruflicher Qualifikation, Sprachkenntnissen sowie kognitiven Potenzialen, Berlin.

Brumlik, Micha (2017): Advokatorische Ethik. Zur Legitimation pädagogischer Eingriffe, Hamburg.

Brussig, Martin / Frings, Dorothee / Kirsch, Johannes (2017): Diskriminierungsrisiken in der öffentlichen Arbeitsvermittlung. Erstellt im Auftrag der Antidiskriminierungsstelle des Bundes, Berlin (online unter: www.antidiskriminierungsstelle.de/ SharedDocs/Downloads/DE/publikationen/Expertisen/Diskriminierungsrisiken_in_der_oeffentlichen_Arbeitsvermittlung.pdf?__blob=publicationFile&v=3 – letzter Zugriff: 28.10.2018).

Bundesagentur für Arbeit (2018): Triple Win Pflegekräfte (online unter: www.triple-win-pflegekraefte.de – letzter Zugriff 10.10.2018).

Bundesamt für Migration und Flüchtlinge (2018a): Bericht zur Integrationskursgeschäftsstatistik für das Jahr 2017, Nürnberg (online unter: www.bamf.de/Shared-Docs/Anlagen/DE/Downloads/Infothek/Statistik/Integration/2017/2017-integrationskursgeschaeftsstatistik-gesamt_bund.pdf?__blob=publicationFile – letzter Zugriff: 15.10.2018).

Bundesamt für Migration und Flüchtlinge (2018b): Integrationskurse für Asylbewerber und Geduldete, Nürnberg (online unter: www.bamf.de/DE/Willkommen/ DeutschLernen/IntegrationskurseAsylbewerber/integrationskurseasylbewerber-node.html – letzter Zugriff: 15.10.2018).

Bundesministerium des Innern, für Bau und Heimat (2018): Erwerb der deutschen Staatsangehörigkeit durch Geburt in Deutschland, Berlin (online unter: www.bmi. bund.de/DE/themen/verfassung/staatsangehoerigkeit/optionspflicht/optionspflicht-node.html – letzter Zugriff: 11.10.2018).

Bundesministerium für Bildung und Forschung (Hg.) (2008): Stand der Anerkennung non-formalen und informellen Lernens in Deutschland im Rahmen der OECD Aktivität »Recognition of Non-formal and Informal Learning«, Bonn.

Carius, Alexander / Welzer, Harald / Wilkens, Andre (Hg.) (2016): Die offene Gesellschaft und ihre Freunde, Frankfurt/M.

Cavuldak, Ahmet (2017): Wie passt der Islam ins Staatskirchenrecht?, in: Herder Korrespondenz 71 (5/2017), S. 40–44.

CDU/CSU/SPD (2018): Ein neuer Aufbruch für Europa – Eine neue Dynamik für Deutschland – Ein neuer Zusammenhalt für unser Land. Koalitionsvertrag, 19. Legislaturperiode, Berlin (online unter: www.bundesregierung.de/resource/blob/ 975226/847984/5b8bc23590d4cb2892b31c987ad672b7/2018-03-14-koalitionsvertrag-data.pdf?download=1 – letzter Zugriff: 23.10.2018).

Crouch, Colin (2013): Das befremdliche Überleben des Neoliberalismus. Postdemokratie II, übers. von Frank Jakubzik, 4. Aufl., Berlin.

Davie, Grace (1994): Religion in Britain since 1945: Believing without Belonging, Oxford.

Deutscher Städte- und Gemeindebund / Städte- und Gemeindebund Nordrhein-Westfalen / Bertelsmann Stiftung (2016): Forum II: Integration im ländlichen Raum. Protokoll im Rahmen der Fachkonferenz »Integration in Städten und Gemeinden – Handlungsoptionen und Praxisbeispiele, 13. Juni 2016 in Bielefeld, Gütersloh (online unter: www.bertelsmann-stiftung.de/fileadmin/files/Projekte/Ankommen_in_Deutschland/Protokolle_Integration_im_laendlichen_Raum.pdf – letzter Zugriff: 12.09.2018).

DeutschPlus (2017): Impulspapier von Migrant*innenorganisationen, 6. Januar 2017 (online unter: www.deutsch-plus.de/presse/impulspapier-von-migrantinnenorganisationen/ – letzter Zugriff: 12.10.2018).

Dilger, Hansjörg / Dohrn, Kristina (2016): Living in Refugee Camps in Berlin. Women's Perspectives and Experiences (= Berliner Beiträge zur Ethnologie 40), Berlin.

Dirim, Inci (2016): »Wer will denn nicht handlungsfähig sein?«. Interview von Hanna Möller mit Inci Dirim, in: Uni:View Magazin, 13. Januar 2016 (online unter: medienportal.univie.ac.at/uniview/wissenschaft-gesellschaft/detailansicht/artikel/inci-dirim-im-gespraech-wer-will-denn-nicht-handlungsfaehig-sein/ – letzter Zugriff: 06.10.2018).

Dubiel, Helmut (2008): Integration durch Konflikt?, in: Peter Imbusch / Wilhelm Heitmeyer (Hg.), Integration – Desintegration. Ein Reader zur Ordnungsproblematik moderner Gesellschaften, Wiesbaden, S. 659–673.

Eichenhofer, Johannes (2013): Begriff und Konzept der Integration im Aufenthaltsgesetz, Baden-Baden.

Eichenhofer, Johannes / Dilmaghani, Farhad (2016): Eine Einwanderungsverfassung für die Einwanderungsgesellschaft, in: Alexander Carius / Harald Welzer / Andre Wilkens (Hg.), Die offene Gesellschaft und ihre Freunde, Frankfurt/M., S. 200–210.

El-Mafaalani, Aladin (2018): Das Integrations-Paradox. Warum gelungene Integration zu mehr Konflikten führt, Köln.

El-Mafaalani, Aladin / Waleciak, Julian / Weitzel, Gerrit (2017): Tatsächliche, messbare und subjektiv wahrgenommene Diskriminierung, in: Emine Gökçen Yüksel (Hg.), Handbuch Diskriminierung, Wiesbaden, S. 173–187.

Empowered by Democracy (2018): Stärken. Bilden. Vernetzen (Startseite) (online unter: empowered-by-democracy.de/ – letzter Zugriff: 12.10.2018).

Englhardt-Kopf, Martina (2016): Überblick über die Beschulung von berufsschulpflichtigen Flüchtlingen und Asylbewerbern in Bayern. KMK-Fachtagung Migration und Integration am 23./24. Mai 2016 in Bonn (online unter: www.kmk-pad.org/fileadmin/Dateien/download/VERANSTALTUNGEN/PAD-Fachtagung_Integration/Workshop-Beitraege/D1_Englhardt-Kopf.pdf – letzter Zugriff: 15.10.2018).

Englmann, Bettina / Müller, Martina (2007): Brain Waste. Die Anerkennung von ausländischen Qualifikationen in Deutschland, Augsburg.

Europäischer Sozialfonds (2018): ESF-Integrationslinie Bund (online unter: www.esf.de/portal/DE/Foerderperiode-2014-2020/ESF-Programme/bmas/2014-10-21-ESF-Integrationsrichtlinie-Bund.html – letzter Zugriff: 04.09.2018).

Evangelische Trägergruppe für gesellschaftspolitische Jugendbildung (2018): Wertebildung in heterogenen Gruppen. Vernetzungstreffen am 24. und 25. September in Berlin (online unter: www.politische-jugendbildung-et.de/wertebildung-in-heterogenen-gruppen/ – letzter Zugriff: 12.10.2018).

Fereidooni, Karim (2017): Politische Bildung braucht Forschung zu Alltagsrassismus. Interview der Transferstelle politische Bildung mit Karim Fereidooni (Teil 2), März 2017 (online unter: https://transfer-politische-bildung.de/mitteilung/artikel/politische-bildung-braucht-forschung-zu-alltagsrassismus-interview-mit-karim-fereidooni-teil/ – letzter Zugriff: 25.10.2018).

Foroutan, Naika (2015): Die Einheit der Verschiedenen. Integration in der postmigrantischen Gesellschaft (= Focus Migration, Kurzdossier Nr. 28/2015).

Fraktion Bündnis 90/Die Grünen im Landtag NRW (Hg.) (2016): Demokratie leben und lernen. Erfahrungen der Laborschule Bielefeld, Düsseldorf (online unter: gruene-fraktion-nrw.de/fileadmin/user_upload/ltf/Publikationen/Dokumentationen_Broschueren/Laborschule-Bielefeld.pdf – letzter Zugriff: 25.10.2018).

Freie Hansestadt Bremen (2017): Haushaltsordnung der Freien Hansestadt Bremen (Landeshaushaltsordnung – LHO), geänderte Fassung vom 14. November 2017 (online unter: www.transparenz.bremen.de/sixcms/detail.php?gsid=bremen2014_tp.c.107598.de&asl=bremen203_tpgesetz.c.55340.de&template=20_gp_ifg_meta_detail_d#jlr-HOBRV20P104a – letzter Zugriff: 25.10.2018).

Frey, Dieter (2016): Psychologie der Werte, Berlin.

Friedrich-Ebert-Stiftung (2017): Miteinander in Vielfalt. Leitbild und Agenda für die Einwanderungsgesellschaft. Ergebnisse einer Expert_innenkommission der Friedrich-Ebert-Stiftung, Berlin (online unter: library.fes.de/pdf-files/dialog/13185.pdf – letzter Zugriff: 28.10.2018).

Fröhlich-Gildhoff, Klaus (2017): Herausforderndes Verhalten in Kita und Grundschule: Erkennen, Verstehen, Begegnen, Stuttgart.

Gag, Maren / Weiser, Barbara (2017): Leitfaden zur Beratung von Menschen mit einer Behinderung im Kontext von Migration und Flucht, Hamburg.

Geiger, Robert (2017): Beschulung von Asylbewerbern und Flüchtlingen und deren Integration mit einer berufssprachlichen Ausrichtung, München (online unter: www.hss.de/fileadmin/user_upload/HSS/Dokumente/160315_Vortrag_Geiger.pdf – letzter Zugriff: 05.10.2018).

Gemeinnützige Gesellschaft zur Unterstützung Asylsuchender (2016): Schreiben des Bayerischen Staatsministerium des Innern, für Bau und Verkehr, Zeichen IA2-2081-1-8-19, Vollzug des Ausländerrechts; Beschäftigung und Berufsausbildung von Asylbewerbern und Geduldeten, 1. September 2016 (online unter: https://ggua.de/fileadmin/downloads/tabellen_und_uebersichten/IA2-2081-1-8-19_IMS_vom_01092016_Beschaftigung_Berufsausbildung_Asylbewe....pdf – letzter Zugriff: 18.10.2018).

Gesemann, Frank / Roth, Roland (2017): Erfolgsfaktoren der kommunalen Integration von Geflüchteten (Friedrich Ebert Stiftung Forum), Berlin.

Goebel, Simon (2017): Politische Talkshows über Flucht. Wirklichkeitskonstruktionen und Diskurse. Eine kritische Analyse, Bielefeld.

Gogolin, Ingrid (2008): Der monolinguale Habitus der multilingualen Schule, 2. Aufl., Münster.

Gogolin, Ingrid (2015): Vervielfältigung von sprachlicher Vielfalt. Beobachtungen und Forschungsergebnisse zur sprachlichen Lage in Deutschland, in: Migration und Soziale Arbeit 37 (4/2015), S. 292–298.

Gogolin, Ingrid et al. (2011): Förderung von Kindern und Jugendlichen mit Migrationshintergrund. FörMig – Bilanz und Perspektiven eines Modellprogramms, Münster.

Gomolla, Mechthild / Radtke, Frank-Olaf (2009): Institutionelle Diskriminierung. Die Herstellung ethnischer Differenz in der Schule, 3. Aufl., Wiesbaden.

Gottuck, Susanne / Mecheril, Paul / Grünheid, Irina / Wolter, Jan (Hg.) (2019): Sehen lernen und verlernen. Perspektiven pädagogischer Professionalisierung, Wiesbaden.

Habermas, Jürgen (1992): Faktizität und Geltung. Beiträge zur Diskurstheorie des Rechts und des demokratischen Rechtsstaats, Frankfurt/M.

Hafez, Kai / Schmidt, Sabrina (2015): Die Wahrnehmung des Islams in Deutschland. Religionsmonitor – verstehen was verbindet, München.

Hall, Stuart (2012): Die Konstruktion von »Rasse« in den Medien, in: Stuart Hall, Ideologie, Kultur, Rassismus (= Ausgewählte Schriften, Bd. 1), Hamburg.

Harvey, David (2007): A Brief History of Neoliberalism, Oxford/New York.

Hattie, John (2013): Visible Learning oder Lernen sichtbar machen, überarbeitete deutsche Ausgabe besorgt von Wolfgang Beywl und Klaus Zierer, Baltmannsweiler.

Heitmeyer, Wilhelm (2007): Was hält die Gesellschaft zusammen? Problematische Antworten auf soziale Desintegration, in: Wilhelm Heitmeyer (Hg.), Deutsche Zustände, Folge 5, Frankfurt/M., S. 37–47.

Heller, Christina (2018): Welche Faktoren Flüchtlinge in der Ausbildung fördern, in: Augsburger Allgemeine, 1. März 2018 (online unter: www.augsburger-allgemeine.de/wirtschaft/Welche-Faktoren-Fluechtlinge-in-der-Ausbildungfoerdern-id50462771.html – letzter Zugriff: 15.10.2018).

Herzog Punzenberger, Barbara (2017): Die Vielfalt der Familiensprachen (= Policy Brief, Nr. 2), Wien (online unter: http://paedpsych.jku.at/dev/wp-content/uploads/2017/02/Policy-Brief-02-Die-Vielfalt-der-Familiensprachen.pdf – letzter Zugriff: 20.10.2018).

Honneth, Axel (1994): Kampf um Anerkennung. Zur moralischen Grammatik sozialer Konflikte, Frankfurt/M.

Honneth, Axel (2010): Das Ich im Wir. Studien zur Anerkennungstheorie, Berlin.

Hüther, Gerald (2018): Würde: Was uns stark macht – als Einzelne und als Gesellschaft, München.

Hutflötz, Karin (2017): Der Mensch: das offene Wesen. Und was das für das Kind und seine Bildung bedeutet, in: Siegfried Steiger / Agnieszka Maluga / Ulrich Bartosch (Hg.), Der Blick ins Freie. Im Diskurs mit Janusz Korczak, Bad Heilbrunn, S. 70–85.

Hutflötz, Karin (2018): Wertebildung statt Wertevermittlung. Wie kulturelle Integration gelingen kann, Berlin (online unter: www.kulturelle-integration.de/artikel/wertebildung-statt-wertevermittlung/?print=pdf – letzter Zugriff: 03.10.2018).

Huntington, Samuel P. (1997): Der Kampf der Kulturen. The Clash of Civilizations. Die Neugestaltung der Weltpolitik im 21. Jahrhundert, München/Wien.

IHK Schwaben (2017): Wissenschaftliche Projektevaluation. Projekt Junge Flüchtlinge in Ausbildung, Augsburg (online unter: www.schwaben.ihk.de/produktmarken/berufliche-bildung/Projekte/Junge_Fluechtlinge_in_Ausbildung/wissenschaftliche-projektevaluation-durch-die-hnu/3927280 – letzter Zugriff: 15.10.2018).

Jäger, Margarete / Jäger, Siegfried (1993): Verstrickungen – Der rassistische Diskurs und seine Bedeutung für den politischen Gesamtdiskurs in der Bundesrepublik Deutschland, in: Siegfried Jäger / Jürgen Link (Hg.), Die vierte Gewalt. Rassismus und die Medien, Duisburg, S. 49–79.

Jäger, Siegfried (2012): Kritische Diskursanalyse. Eine Einführung, Münster.

Joas, Hans (1999): Die Entstehung der Werte, Frankfurt/M.

Joas, Hans (2006): Wie entstehen Werte? Wertebildung und Wertevermittlung in pluralistischen Gesellschaften (online unter: www.forschungsnetzwerk.at/downloadpub/2006_Vortrag_Joas_authorisiert_0610x.pdf – letzter Zugriff: 20.10.2018).

Kempert, Sebastian et al. (2016): Die Rolle der Sprache für zuwanderungsbezogene Ungleichheiten im Bildungserfolg, in: Claudia Diehl / Christian Hunkler / Cornelia Hunkler (Hg.), Ethnische Ungleichheiten im Bildungsverlauf. Mechanismen, Befunde, Debatten, Wiesbaden, S. 157–241.

Kingreen, Thorsten / Poscher, Ralf (2017): Grundrechte. Staatsrecht II, Heidelberg.

Kommunale Gemeinschaftsstelle für Verwaltungsmanagement (2017): Kommunales Integrationsmanagement. Teil 1: Managementansätze und strategische Konzeptionierung. Unter Mitarbeit von Robert Bosch Stiftung und Bertelsmann Stiftung (= KGSt-Bericht, Nr. 7/2017), Köln.

Klose, Alexander / Liebscher, Doris (2015): Antidiskriminierungspolitik in der deutschen Einwanderungsgesellschaft. Stand, Defizite, Empfehlungen, Gütersloh.

Kracke, Nancy / Buck, Daniel / Middendorf, Elke (2018): Beteiligung an Hochschulbildung. Chancen(un)gleichheit in Deutschland (= DZHW Brief, Nr. 3/2018), Hannover.

Krog, Stefan (2018): Neues Projekt: Ein Medienmuseum im Glaspalast, in: Augsburger Allgemeine, 25. August 2018 (online unter: www.augsburger-allgemeine.de/augsburg/Neues-Projekt-Ein-Medienmuseum-im-Glaspalast-id52015946.html – letzter Zugriff: 17.10.2018).

Landkreis Schwandorf (2018): Integration Schwandorf. Flüchtlinge – fördern und fordern (online unter: http://integration-schwandorf.de/ – letzter Zugriff: 16.10.2018).

Legrand, Philipp (2018): Jugend stärken im Quartier. Förderung von Demokratie- und Partizipationskompetenzen, in: Journal für politische Bildung 8 (2/2018), S. 6–10.

Lessenich, Stephan (2013): Die Neuerfindung des Sozialen. Der Sozialstaat im flexiblen Kapitalismus, 3. Aufl., Bielefeld.

Lessenich, Stephan (2016): Neben uns die Sintflut. Die Externalisierungsgesellschaft und ihr Preis, München.

Maercker, Andras (2013): Posttraumatische Belastungsstörungen, 4. Aufl., Berlin.

Margalit, Avishai (1996): The Decent Society, übers. von Naomi Goldblum, Cambridge/London.

Mecheril, Paul (2011): Wirklichkeit schaffen: Integration als Dispositiv, in: Aus Politik und Zeitgeschichte 61 (43/2011), S. 49–54.

Mecheril, Paul (2013): Was ist Migrationspädagogik?, 16. September 2013 (online unter: www.gew-hb.de/aktuelles/detailseite/neuigkeiten/was-ist-migrationspaedagogik/ – letzter Zugriff: 03.10.2018).

Mecheril, Paul / Castro Varela, Maria do Mar / Dirim, İnci / Kalpaka, Annita / Melter, Claus (2010): Migrationspädagogik, Weinheim/Basel.

MigraNet (2018a): Herzlich Willkommen bei MigraNet (online unter: www.migranet.org/ – letzter Zugriff: 04.09.2018).

MigraNet (2018b): Unser Angebot für Akteure der Arbeitsverwaltung (online unter: www.migranet.org/angebote-zur-interkulturellen-oeffnung/ikoe-diversity-management/unser-angebot-fuer-arbeitsverwaltung – letzter Zugriff: 28.10.2018).

Migrant Integration Policy Index (2015): Migrant Integration Policy Index 2015 (online unter: www.mipex.eu – letzter Zugriff: 25.10.2018).

Müller, Daniel (2005): Die Darstellung ethnischer Minderheiten in deutschen Medien, in: Rainer Geißler / Horst Pöttker (Hg.), Massenmedien und die Integration ethnischer Minderheiten in Deutschland. Problemaufriss – Forschungsstand – Bibliographie, Bielefeld, S. 83–126.

Müller, Herta (2009): Der Fremde Blick oder Das Leben ist ein Furz in der Laterne, 4. Aufl., Göttingen.

Nassehi, Armin (2010): Gut, dass wir uns fremd geworden sind!, in: Die Welt, 21. Februar 2010 (online unter: www.welt.de/debatte/kommentare/article6491106/Gut-dass-wir-uns-fremd-geworden-sind.html – letzter Zugriff: 16.10.2018).

Neue deutsche Medienmacher (2015): Glossar der Neuen deutschen Medienmacher. Formulierungshilfen für die Berichterstattung im Einwanderungsland, 4. Aufl., Berlin (online unter: www.neuemedienmacher.de/download/NdM_Glossar_www.pdf – letzter Zugriff: 17.10.2018).

Netzwerk IQ (2018): Förderprogramm »Integration durch Qualifizierung (IQ)« (online unter: www.netzwerk-iq.de/ – letzter Zugriff: 04.09.2018).

OECD (Organisation for Economic Co-operation and Development) (2015): Bildung auf einen Blick 2015. OECD-Indikatoren, Bielefeld.

Phelps, Edmund S. (1972): The Statistical Theory of Racism and Sexism, in: The American Economic Review 62 (4/1972), S. 659–661.

Popper, Karl (1992): Die offene Gesellschaft und ihre Feinde, 2 Bde., 7. Aufl., Tübingen.

Qualitätsmanagement in Berufsintegrationsklassen in Bayern (2018): Auftaktveranstaltung Qmb-Weiterentwicklungskonzept, 15. März 2018 in München (online unter: www.qmbs-bayern.de/userfiles/Weiterentwicklung_QmbS-Runde2/04_Berufsintegration.pdf – letzter Zugriff: 28.10.2018).

Rawls, John (1975): Eine Theorie der Gerechtigkeit, übers. von Hermann Vetter, Frankfurt/M.

Reddemann, Luise / Fischer, Gottfried (2010): Worauf es ankommt: Psychodynamische Traumatherapien, in: Psychotherapie 15 (2/2010), S. 263–278.

Reiss, Kristina / Sälzer, Christine / Schiepe-Tiska, Anja / Klieme, Eckhard / Köller, Olaf (2016): PISA 2015. Eine Studie zwischen Kontinuität und Innovation, Münster/ New York.

Rennert, Klaus (2017): Hannah Arendt, das Asylrecht und die Menschenwürde, Baden-Baden.

Riehl, Claudia (2014): Mehrsprachigkeit. Eine Einführung, Darmstadt.

Riehl, Claudia (2015): Mehrsprachigkeit und muttersprachlicher Unterricht, in: Fachtagung Mehrsprachigkeit 2015, München, S. 6–7.

Rohe, Matthias / Jaraba, Mahmoud (2018): Islam in Bayern. Policy Paper für die Bayerische Staatsregierung im Auftrag der Bayerischen Akademie der Wissenschaften, Erlangen (online unter: badw.de/fileadmin/user_upload/Files/BADW/pressemitteilungen/2018/pm-27–18/2018_07_18_BAdW_EZIRE_Islam_in_Bayern_policy_ paper.pdf – letzter Zugriff: 16.10.2018).

Sachverständigenrat deutscher Stiftungen für Integration und Migration (2014): Deutschlands Wandel zum modernen Einwanderungsland. Jahresgutachten 2014 mit Integrationsbarometer, Berlin (online unter: www.svr-migration.de/wp-content/uploads/2017/05/SVR_Jahresgutachten_2014.pdf – letzter Zugriff: 28.10.2018).

Sachverständigenrat deutscher Stiftungen für Integration und Migration (2016): Viele Götter, ein Staat: Religiöse Vielfalt und Teilhabe im Einwanderungsland. Jahresgutachten 2016 mit Integrationsbarometer, Berlin (online unter: www.svr-migration.de/wp-content/uploads/2016/04/SVR_JG_2016-mit-Integrationsbarometer_WEB.pdf – letzter Zugriff: 16.10.2018).

Sachverständigenrat deutscher Stiftungen für Integration und Migration (2017): Papiertiger oder Meilensteine? Die Integrationsgesetze der Bundesländer im Vergleich (= Policy Brief des SVR-Forschungsbereichs, Nr. 1/2017), Berlin (online unter: www.svr-migration.de/wp-content/uploads/2017/09/SVR-FB_Integrationsgesetze.pdf – letzter Zugriff: 20.10.2018).

Sachverständigenrat deutscher Stiftungen für Integration und Migration (2018a): Art. »Integration (Definition des SVR)«, in: Glossar (online unter: www.svr-migration. de/glossar/ – letzter Zugriff: 06.10.2018).

Sachverständigenrat deutscher Stiftungen für Integration und Migration (2018b): »Wo kommen Sie eigentlich ursprünglich her?« Diskriminierungserfahrungen und phänotypische Differenz in Deutschland (= Policy Brief des SVR-Forschungsbereichs, Nr. 1/2018), Berlin (online unter: www.svr-migration.de/publikationen/ diskriminierungserfahrungen/ – letzter Zugriff: 11.10.2018).

Sandor, Stefan (2017): Teilhabe Behinderung Zuwanderung, in: Gemeinsam leben. Zeitschrift für Inklusion 5 (4/2017), S. 226–231.

Sarcinelli, Ulrich (1990): Auf dem Weg in eine kommunikative Demokratie? Demokratische Streitkultur als Element politischer Kultur, in: Ulrich Sarcinelli (Hg.), Demokratische Streitkultur. Theoretische Grundpositionen und Handlungsalternativen in Politikfeldern, Opladen, S. 29–51.

Schader Stiftung (2011): Rahmenbedingungen kommunaler Integrationspolitik (online unter: www.schader-stiftung.de/themen/vielfalt-und-integration/fokus/sozialraeumliche-integration/artikel/rahmenbedingungen-kommunaler-integrationspolitik/ – letzter Zugriff: 12.09.2018).

Scherr, Albert (2016): Diskriminierung / Antidiskriminierung – Begriffe und Grundlagen, in: Aus Politik und Zeitgeschichte 66 (9/2016), S. 3–10.

SchlaU-Werkstatt für Migrationspädagogik (Hg.) (2018): Migrationspädagogische Praxis in der Zusammenarbeit mit jungen Geflüchteten. Eine Suchbewegung, Jahrestagung 2017, München (online unter: www.schlau-werkstatt.de/wp-content/uploads/2018/09/Publikation-Jahrestagung-2017.pdf – letzter Zugriff: 09.10.2018).

Sen, Amartya (2005): The Argumentative Indian. Writings on Indian Culture, History and Identity, New York.

Sen, Amartya (2007): Identity as Violence. The Illusion of Destiny, New York/London.

Simmel, Georg (1992): Soziologie. Untersuchungen über die Formen der Vergesellschaftung, Frankfurt/M.

Solga, Heike (2009): Meritokratie – die moderne Legitimation ungleicher Bildungschancen, in: Justin Powell / Peter A. Berger (Hg.), Soziale Ungleichheit, Frankfurt / New York, S. 63–72.

Somers, Bart (2017): The Mechelen Model: An Inclusive City, in: Barcelona Center for International Affairs, Resilient Cities (= Colección Monografías, Nr. 9/2017), S. 57–62 (online unter: www.cidob.org/en/articulos/monografias/resilient_cities/the_mechelen_model_an_inclusive_city – letzter Zugriff: 19.10.2018).

Spieker, Michael (2012): Konkrete Menschenwürde. Über Idee, Schutz und Bildung menschlicher Würde, Schwalbach/Ts.

Spielhaus, Riem (2011): Vom Migranten zum Muslim und wieder zurück – Die Vermengung von Integrations- und Islamthemen in Medien, Politik und Forschung, in: Hendrik Meyer / Dirk Halm (Hg.), Islam und deutsche Gesellschaft, Wiesbaden, S. 169–194.

Spielhaus, Riem (2018): #MeTwo: Das Thema gehört in Schulbücher. Interview von Yalda Zarbakhch mit Riem Spielhaus, in: Deutsche Welle, 4. August 2018 (online unter: www.dw.com/de/metwo-das-thema-geh%C3%B6rt-in-schulb%C3%BCcher/a-44953192 – letzter Zugriff: 04.09.2018).

Staatsinstitut für Schulqualität und Bildungsforschung (2017): Lehrplan für die Berufsintegrations- und Sprachintensivklassen, München (online unter: www.isb.bayern.de/download/19734/lp_berufsintegrationsklassen_07_2017.pdf – letzter Zugriff: 25.10.2018).

Statistisches Bundesamt (2018): Bevölkerung mit Migrationshintergrund 2017 um 4,4 Prozent gegenüber Vorjahr gestiegen. Pressemitteilung 282 vom 1. August 2018 (online unter: www.destatis.de/DE/PresseService/Presse/Pressemitteilungen/2018/08/PD18_282_12511.html – letzter Zugriff: 12.10.2018).

Stojanov, Krassimir (2006): Bildung und Anerkennung. Soziale Voraussetzungen von Selbst-Entwicklung und Welt-Erschließung, Berlin.

Sue, Stanley / Zane, Nolan / Hall, Gordon C. Nagayama / Berger, Lauren K. (2009): The Case for Cultural Competency in Psychotherapeutic Interventions, in: Annual Review of Psychology 60 (1/2009), S. 525–548.

Tagesschau (2018): Jeder Zweite scheitert am Deutschtest, 29. April 2018 (online unter: www.tagesschau.de/inland/deutschtest-integrationstest-101.html – letzter Zugriff: 05.10.2018).

Taylor, Charles (2016): In der Zukunft ankern. Interview von Elisabeth von Thadden, in: Die Zeit, Nr. 27/2016 (online unter: www.zeit.de/2016/27/charles-taylor-zuwanderung-aengste – letzter Zugriff: 11.10.2018).

Taylor, Charles / Gutmann, Amy (2009): Multikulturalismus und die Politik der Anerkennung, Frankfurt/M.

Thränhardt, Dietrich (2017): Einbürgerung im Einwanderungsland Deutschland. Analysen und Empfehlungen (= WISO Diskurs, Nr. 11/2017), Bonn (online unter: library.fes.de/pdf-files/wiso/13590-20170821.pdf – letzter Zugriff: 20.10.2018).

Thym, Daniel (2016): Citizens and Foreigners in EU Law. Migration Law and its Cosmopolitan Outlook, in: European Law Journal 22 (3/2016), S. 296–316.

Tür an Tür (2018): BAVF-Netzwerk (online unter: tuerantuer.de/integrationsprojekte/projekte/bavf-netzwerk/ – letzter Zugriff: 23.10.2018).

Ulusoy, Yunus / Halm, Dirk / Sauer, Martina / Kersting, Norbert (2016): Wissenschaftliche Begleitung der Kommunalen Integrationszentren und der Landesweiten Koordinierungsstelle NRW. Ergebnisbericht, Essen.

Voigt, Claudius (2016): Bleibeperspektive. Kritik einer begrifflichen Seifenblase, Münster, 29. Juni 2016 (online unter: www.einwanderer.net/fileadmin/downloads/tabellen_und_uebersichten/bleibeperspektive.pdf – letzter Zugriff: 25.10.2018).

Wacquant, Loïc (2018): Die Verdammten der Stadt. Eine vergleichende Soziologie fortgeschrittener Marginalität, Wiesbaden.

Wansing, Gudrun / Westphal, Manuela (2014): Behinderung und Migration. Kategorien und theoretische Perspektiven, in: Gudrun Wansing / Manuela Westphal (Hg.), Behinderung und Migration. Inklusion, Diversität, Intersektionalität, Wiesbaden, S. 17–47.

Weiser, Barbara (2016): Sozialleistungen für Menschen mit einer Behinderung im Kontext von Migration und Flucht, Hamburg.

Wirth, Margaret / Möhl, Wolfgang (2014): »Beschäftigung« – »Globalisierung« – »Standort«. Anmerkungen zum kapitalistischen Verhältnis zwischen Arbeit und Reichtum, München.

Zentralstelle für ausländisches Bildungswesen (2018a): Allgemeines zur Anerkennung (online unter: www.kmk.org/zab/zentralstelle-fuer-auslaendisches-bildungswesen/allgemeines-zur-anerkennung.html – letzter Zugriff 10.10.2018).

Zentralstelle für ausländisches Bildungswesen (2018b): Gleichwertigkeitsbescheide für nicht reglementierte landesrechtlich geregelte Berufe (online unter: www.kmk.org/zab/zentralstelle-fuer-auslaendisches-bildungswesen/gleichwertigkeitsbescheide-fuer-nicht-reglementierte-landesrechtlich-geregelte-berufe.html – letzter Zugriff 10.10.2018).

Zentralstelle für ausländisches Bildungswesen (2018c): Zeugnisbewertung für ausländische Hochschulqualifikationen (online unter www.kmk.org/zab/zentralstelle-fuer-auslaendisches-bildungswesen/zeugnisbewertung-fuer-auslaendische-hochschulqualifikationen.html – letzter Zugriff 10.10.2018).

Zentrum für Globale Fragen (2017): Gelingende Wertebildung im Kontext von Migration. Eine Handreichung für die Bildungspraxis, München (online unter: www.hfph.de/forschung/institute/globalefragen/themenfeld-migration/gelingende-wertebildung-im-kontext-von-migration-eine-handreichung-fuer-die-bildungspraxis/handreichung-wertebildung.pdf – letzter Zugriff: 19.10.2018).

Zentrum für Globale Fragen (2018a): Offener Brief an Ministerpräsident Söder zu »Kennzeichen christlicher und sozialer Politik« veröffentlicht (online unter: www.hfph.de/forschung/institute/globalefragen/nachrichten/offener-brief-an-ministerpraesident-soeder-zu-kennzeichen-christlicher-und-sozialer-politik-veroeffentlicht – letzter Zugriff: 17.10.2018).

Zentrum für Globale Fragen (2018b): Wie zusammen leben? Wertebildung interkulturell (online unter: www.hfph.de/forschung/institute/globalefragen/themenfeld-interkulturalitaet/wertebildung – letzter Zugriff: 17.10.2018).

Verzeichnis der Autorinnen und Autoren

Prof. Dr. Anselm Böhmer ist Professor für Allgemeine Pädagogik an der Pädagogischen Hochschule Ludwigsburg. Seine Forschungsschwerpunkte sind poststrukturalistische Bildungstheorien, Migration, Kindheit und Jugend, Armut und soziale Ausgrenzung sowie soziale Räume.

Ann-Christin Damm ist wissenschaftliche Mitarbeiterin am Mercator Forum für Demokratie und Migration (MIDEM) sowie Lehrbeauftragte und Promotionskandidatin an der Technischen Universität Dresden. Ihre Interessen umfassen kommunale Integrationspolitik in Deutschland und Europa sowie Forschung zum Migrations-Entwicklungs-Nexus.

Firengiz Degler unterrichtet Deutsch als Fremdsprache / Deutsch als Zweitsprache und koordiniert für den Internationalen Bund (IB Süd) Berufsintegrationsklassen und ist für den IB Süd als Dozentin in Kursleiterqualifizierungen tätig.

Merima Džaferović leitet die Brückenmaßnahme Bildung und Beratung (B3) für zugewanderte Akademikerinnen am Zentrum für wissenschaftliche Weiterbildung der Johannes Gutenberg-Universität Mainz. Sie ist ehrenamtlich als Vorstandsmitglied der Stiftung Bildung und Migration in Wiesbaden tätig.

Dr. Simon Goebel ist Migrationsforscher mit den Schwerpunkten Flucht, Kultur, Identität, Nationalismus und Rassismus. Er arbeitet als Referent für Asylrecht im Kontext des Arbeitsmarktzugangs von Geflüchteten bei »Tür an Tür – Integrationsprojekte gGmbH« in Augsburg.

Dr. Christian Hofmann ist Fellow des Diskursprojekts »Wege der Integration« an der Akademie für Politische Bildung in Tutzing. Zudem arbeitet er als wissenschaftlicher Online-Betreuer für Praktische Philosophie an der FernUniversität in Hagen.

Dr. Karin Hutflötz ist Dozentin für Philosophie und psychologischer Coach. Sie leitet den Studiengang »Persönlichkeitsbildung im interkulturellen Kontext« und ist wissenschaftliche Mitarbeiterin am Zentrum für Globale Fragen an der Hochschule für Philosophie in München sowie an der Katholischen Universität Eichstätt-Ingolstadt.

Jannes Jacobsen ist wissenschaftlicher Mitarbeiter am Sozio-oekonomischen Panel (SOEP) des Deutschen Instituts für Wirtschaftsforschung (DIW) in Berlin. Darüber hinaus promoviert er zum Thema »Research on the Integration of Refugees: Methodological Obstacles and First Empirical Findings« an der Berlin Graduate School of Social Science.

Erdoğan Karakaya ist wissenschaftlicher Mitarbeiter des Polizeipräsidiums Südosthessen in Offenbach am Main. Darüber hinaus promoviert er im Fachbereich Islamische Studien an der Goethe-Universität in Frankfurt am Main.

Dr. Annette Korntheuer ist Bildungskoordinatorin für Neuzugewanderte der Landeshauptstadt München. Als Lehrbeauftragte ist sie in den Bereichen empirische Sozialforschung und Soziale Arbeit mit Fluchtmigrantinnen und -migranten an der Katholischen Stiftungshochschule München tätig.

Uwe Kraus ist Diplom-Sozialpädagoge (FH) und arbeitet als Leiter der Sozialen Dienste beim Diakonischen Werk Schweinfurt e.V. Er ist für die Bereiche Migration, allgemeine Sozialarbeit und Ehrenamt zuständig.

Dr. Asya Markova ist Wissenschaftlerin an der Human and Social Studies Foundation Sofia (HSSF) und beschäftigt sich mit der Differenz zwischen Würde, Ehre und Ressentiment als unterschiedlichen Quellen von sozialem Widerstand. Sie entwickelt ein Forschungsprojekt zum Thema »Ressentiment in der gegenwärtigen Philosophie«.

Dennis Mehmet ist freier Autor, Journalist und Übersetzer. Er arbeitet zu den Themen Globalisierung, Kosmopolitismus und Technik.

Armaghan Naghipour ist Rechtsanwältin in Berlin mit Schwerpunkt Migrations- und Familienrecht und Fraktionsreferentin im Abgeordnetenhaus Berlin. Sie ist Vorsitzende der Regionalgruppe Berlin von Anwältinnen ohne Grenzen und stellvertretende Vorsitzende von »DeutschPlus e.V. Initiative für eine plurale Republik«.

Elke Reinhart ist Integrationsbeauftragte der Stadt Neunburg vorm Wald und bei der Initiative »Integration SAD« tätig. Neben der Projektarbeit mit den Schwerpunkten Begegnung und Bildung unterstützt sie Menschen, Schulen, Institutionen, Behörden und Unternehmen, um zum Gelingen von Integration beizutragen.